現代
自治選書

地方財政の新しい地平

「人と人のつながり」の財政学

森　裕之 著

自治体研究社

目次

地方財政の新しい地平

―「人と人のつながり」の財政学―

第1章　公共政策の対象としての「人と人のつながり」

1　日本の人々の孤立

国・地方を問わず、これまでの行財政では人々の孤立・孤独といった問題は公共政策の対象とされてきませんでした[1]。それは、孤立はあくまでも個人や家族の問題であって、そこに国や自治体が介入するなどということはありえなかったからです。そもそも、公権力は個人や家族などの市民社会に属する活動の自由は最大限に尊重し、それらの領域には極力介入しないことが原則です。公権力はいわゆる基本的人権の保障を行い、その上で繰り広げられる個人や家族の活動については関与しないというのが、国や自治体の行動原理となってきました。

ところが近年になって、世界的に孤立が社会問題として取り上げられてきました。なかでも日本の状況はきわめて深刻です。この点について、いくつかのデータをみながら確認したいと思います。

図表１　「家族以外の人」との交流が「まったくない」あるいは「ほとんどない」人の割合

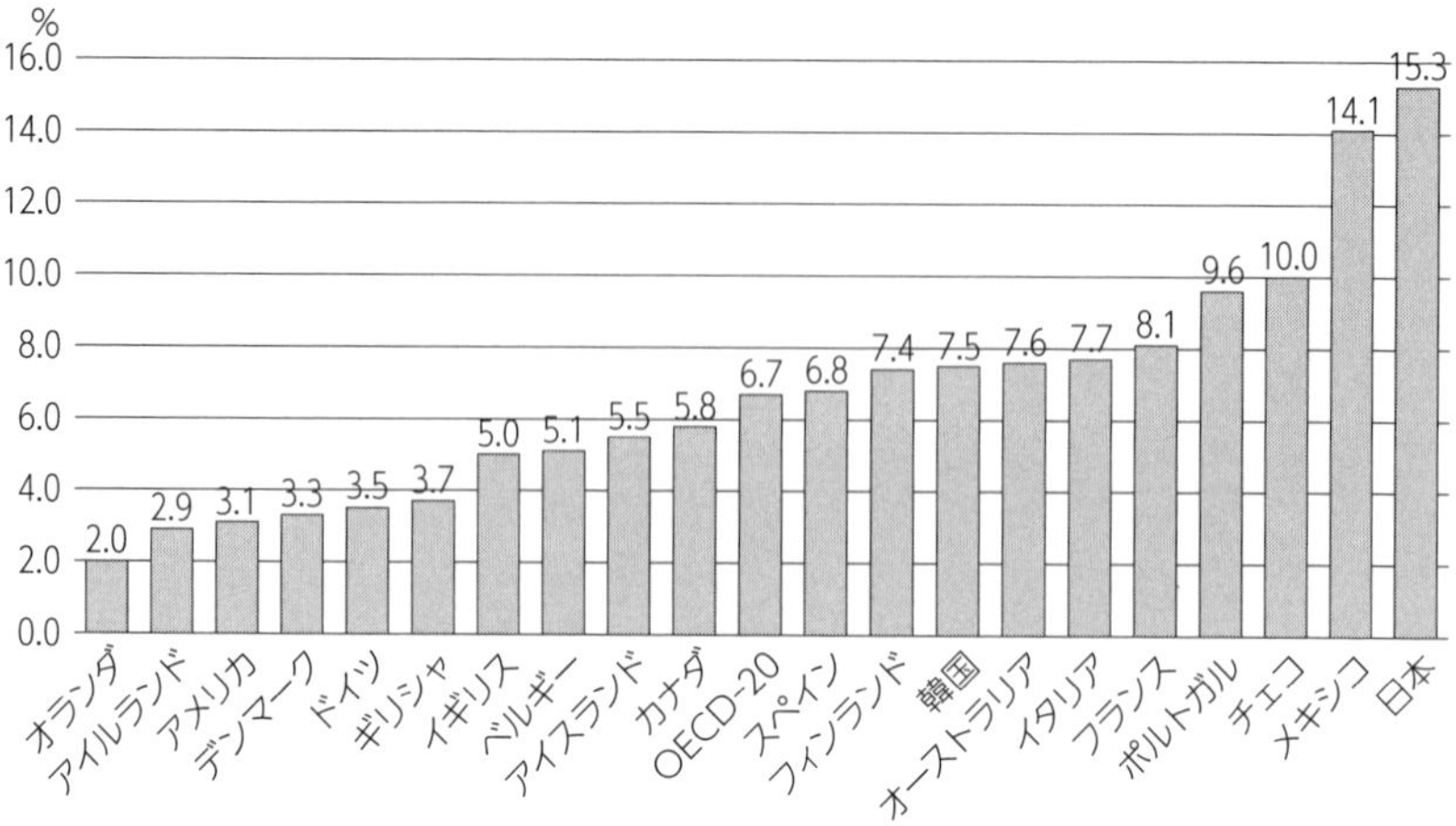

注：データは 1999-2002 年のもの。
出所：OECD (2005) Society at a Glance,2005 Edition, p.83.

図表1は、ＯＥＣＤが２００５年に発表した先進国における孤立に関する統計データです。データがとられたのは少し古いとはいえ、日本が他の国に比べて孤立の状態におかれている人の割合がいかに高いかがわかります。例えば、アメリカと比較すればその割合は５倍にも上ります。また、日本ではこの時期から非正規雇用が急速に増えたために、国民の中での貧困化も進んでいきました。つまり、日本は「友だちはいない、金もない」という悲惨な状況が社会に広がっていったことがわかります。

これに対しては、家族がいればよいではないかという見方もあるでしょう。しかし、これもすでに幻想となっていることがわかります。それを示したものが**図表２**です。この図では、１９８６年から２０２２年まで世帯の家族類型の構成割合がどのように変化していったかが示されています。

図表２　世帯の家族類型別構成割合の推移

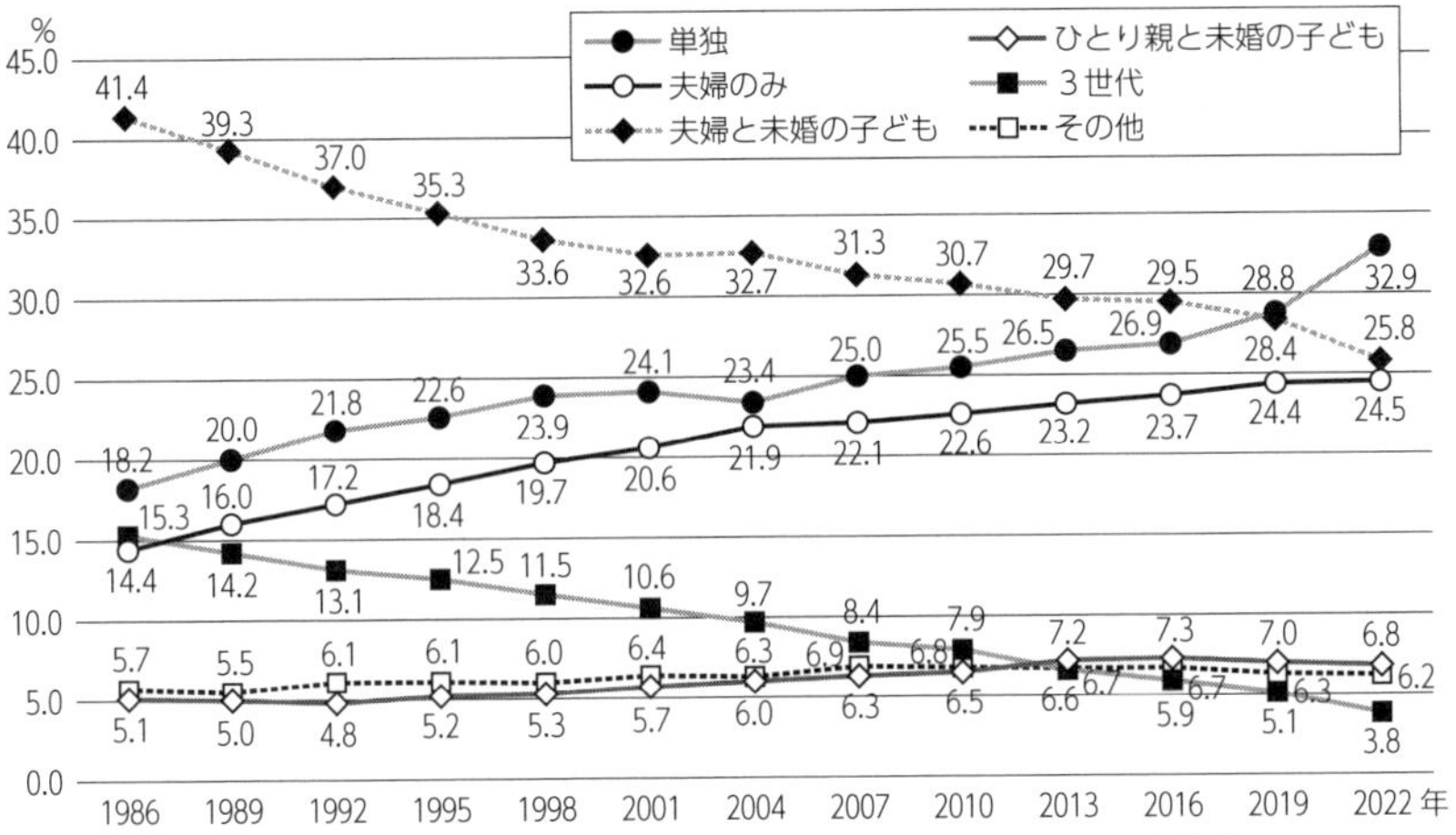

出所：厚生労働省（2023）「2022（令和４）年 国民生活基礎調査の概況」より作成。

１９８６年時点では、夫婦と未婚の子どもの世帯が4割を超えています。また、３世代世帯が15％を占めており、日本が長らくモデルとしてきた家族像がこの時期には確かに多かったことがわかります。ところが、当時は典型であったこれらの家族類型の割合がその後に大きく減少していき、２０２２年では夫婦と未婚の子どもの世帯が26％、３世代世帯はたった４％にまで下がっています。これらに変わって急増してきたのが単独世帯であり、すでに全世帯の3分の1にも上っています。一人暮らしが急増することで家族のつながりそのものが相当弱まってきていることがうかがえます。

単独世帯者数の割合は、男性では20代、女性では20代と高齢者で相対的に多くなっていますが、それ以外の年齢層でもほぼ全般的に増えています。つまり、単独世帯の状況は特定の年齢層に偏っているわけではなく、全世代にまたがる一般的なものとなっているのです。単独世帯者であっても友だちが多いなど「人と人のつながり」の豊かな人間関係の中で暮らしている人は少なくありません。しかし一般的にいえば、家族と暮らしている人に比べると、孤立した状態に陥りやすい傾向はあるといえます。

この家族類型の変化を先ほどのOECDの調査結果と合わせて考えれば、日本はすでに家族とも友だちとも交流のない孤立の状態におかれて人々がいかに多いのかがわかります。そして、このような状況がますます進んでいくことは、日本の少子・高齢化や経済・雇用状況の見通しからも容易に予測することができます。

さらに、家族とともに暮らしていても、強い孤立感を持って生きていかざるをえない状況に追い込まれている人々も増えています。その一つとして、「ひきこもり」が挙げられます。内閣府は2023年に15歳〜64歳のうち生産年齢人口のうちで約146万人がひきこもり状態であるという推計結果を発表します。これは50人中1人以上（2%以上）の人がひきこもりになっていることをあらわしています。ひきこもり状態の人は家族と暮らしていたとしても孤立感が強いと考えられますし、その家族も他人に相談できないなど社会的な孤立に陥っていることが想像されます。

厚生労働省は、家族の世話をしている児童・生徒・学生の割合として、小学6年生6・5%、中学2年生5・7%、全日制高校2年生4・1%、定時制高校2年生相当8・5%、通信制高校11・0%、大学3年生6・2%にそれぞれ上っていると推計しています。[2] この中学生や高校生の中には家族の世話に費やす時間が7時間を超える生徒が約1割に上るなど、若者の将来にとって重大な脅て大きな社会問題となっています。彼らはヤングケアラーと呼ばれ、家庭内に押し込められた見えにくい孤立として大きな社会問題となっています。

このヤングケアラーの問題と密接に関わるものとして、ひとり親世帯の抱える問題があります。厚生労働省の「全国ひとり親世帯等調査」によれば、未成年の子を育てるひとり親世帯は母子世帯約119・5万世帯、父子世帯約14・9万世帯となっています。そして、ひとり親世帯の相対的貧困率は約48％にも上っており、とくに母子世帯の平均年間収入は約272万円となっています（父子世帯の場合は約518万円）。同居家族を含む年間収入は母子世帯・父子世帯ともに100万円程度増加することから、それらの世帯の子どもたちがアルバイトなどで家計を支えている状況もうかがえます。彼らはそれだけではなく、幼い兄弟姉妹の世話をせざるをえないなど、ヤングケアラー状態におかれていることも少なくないといえます。また同じ調査において、相談相手が「いる」と回答したのは母子世帯で78・1％、父子世帯で54・8％となっており、父子世帯では子育てにおける孤独感が強い傾向がみられました。しかし、母子世帯でも相談相手がいるとはいえ、日常的には労働と子育てで手一杯となり、相対的には孤独状態が強いことが想像されます[3]。

このような孤立の広がりを社会問題として捉えだしたのは、ようやく最近になってからです。それまでは、これらの孤立は個人や家族の問題として押し込められてきました。しかし、孤立が個人や社会に及ぼす深刻な影響が徐々に明らかになってくるにつれ、これを政治や行政が放置しておくことの問題が認識されるようになってきました。

2　政策課題となった孤立問題

２０００年代は日本の社会福祉政策の重要な転換点でした。市場化や規制緩和の流れの中で介護保険制度の開始や社会福祉法の制定などが進められ、利用者の選択の尊重と公的責任の後退をめぐる議論が行われてきました。

このような中で、その後の社会福祉政策にとっての重要な方向性を示したのが、旧厚生省の諮問会議での議論でした。その内容は『「社会的な援護を要する人々に対する社会福祉のあり方に関する検討会」報告書』として、２０００年12月にまとめられました。

この報告書の問題意識は、人々の「つながり」に置かれました。そして、現代社会における「人と人のつながり」の希薄化によって「社会的孤立や孤独」が深刻化しており、それにともなう課題への対応が難しくなっているとしました。これを受けて、同報告書は「新たな福祉課題への対応の理念」として、「今日的な『つながり』の再構築」を掲げます。また、そのためには公的制度の柔軟な対応と地域社会での自発的支援の再構築が必要であるという認識を示します。その後、それぞれの福祉分野において、孤立問題をなくすための「人と人のつながり」をつくる施策がつくられていくようになります。

公権力が長らく関与してこなかった孤立問題に対して、近年になって変化がみられるようになった背景には次のようなものがあります。

第一に、孤立問題の悲惨さが社会に広く知られるようになってきたことです。2010年1月にNHKが「無縁社会～〝無縁死〟3万2千人の衝撃～」というタイトルの番組を放送し、これによって日本における家族の変化にともなった孤立死が広がっていることが紹介されました。その後、「無縁社会」という言葉は日本中で使われるようになっていきますが、それは孤立問題が社会全体に深刻なかたちで広がっていることを反映したものでした。そして、このような実態が国の福祉政策に従来にはなかった質的な転換を迫るようになります。例えば2015年から始まった生活困窮者自立支援制度においては、2018年の改正によって生活困窮者のカテゴリーの中に「地域からの孤立」という類型が追加されました。孤立状態にあっても金銭的に不自由のない人は多くいますが、孤立に陥っている人々を生活困窮者という枠組みに含めたところに、従来の制度を大きく超えた福祉政策の質的変化があらわれています。

このような福祉政策の変化に対して、「孤立はあくまで個人の問題であって、行政が介入するような領域ではない」という考え方も依然として存在します。しかし、福祉が人々の困難を解決したり緩和したりすることを目的とするものであるとするならば、新たに国民生活上の問題となってきた孤立に対して福祉そのものが進化するというのは自然なことです。

第二に、孤立が人々の幸福に与える深刻な影響がさまざまな研究によって明らかにされてきたことです。これは1990年代以降に世界的に広がった「幸福研究」といわれるものと強く関係しています。第二次大戦後は世界的に高い経済成長が実現し、その過程において耐久消費財を中心とした新しい物資が社会全体に普及していきました。それは人々の中に「経済成長すれば幸福になれる」という認識を確固たるものとする上で大きな役割を果たしました。これは日本でも典型的に生じた社会的通念といえるものです。ところが、日本では経済が最も華やかだったバブル期において、「豊かさとは何か」が問われるようになります。それは経済成長と幸福感が乖離していることを人々が実感しはじめたことを示すものでした。

幸福研究は世界的に行われるようになり、必要な物資が一定確保できる水準の所得を超えても、人々の幸福度は上がらないという研究結果が数多く出されていくことになります。これを象徴する言葉として、この研究を早い時期から行ってきたアメリカの経済学者の名を冠した「イースタリンの逆説」が知られています。この問題は現実の政治にも反映されており、その中で最も有名な例は、GDP（国内総生産）に代わるGNH（国民総幸福指数）を指標としたブータンという国でした。また、フランスのサルコジ大統領が設けた「経済パフォーマンスと社会の進歩の測定に関する委員会」が2009年に発表した報告書や、それを受けて2011年にOECDが出した「より良い暮らし指標」などさまざまな報告が出されるようになりました。その他にも、国連の「人間開発指数」など、GDPのような経済指標に代わる新しい経済社会発展の計測方法が開発されてきています。

ここで重要なのは、これらの幸福研究の多くにおいて、「人と人とのつながり」に関する事柄がいかに人間の幸福に大きな影響を与えているかという点が明らかにされていったことです。もちろん、福祉、教育、環境、仕事なども人々の幸福にとって大切な要素ですが、同じように「人と人とのつながり」の重要さが強調されるようになっていきます。１９３８年から継続されてきた「ハーバード成人発達研究」では、人生を幸福で健康に過ごすための最大の要素は「良き人間関係」であると結論づけています。それどころか、孤独は命取りにも繋がりかねない脅威であるとしています。[4]

第三に、第二の点とも関係しますが、孤独が公衆衛生上のきわめて重大な課題であることが科学的に証明されてきたことがあります。孤独から生じるストレスによって、私たちは免疫の低下、認知の鈍化、高血圧などに陥るリスクが高まり、認知症と強い相関関係があることもわかっています。わかりやすい対比でいえば、孤独は1日当たり15本の喫煙に匹敵し、その悪影響は肥満よりも大きいとされています。それだけでなく、複数の親友がいる人は抑うつ度が低いだけでなく、人生の満足感や自尊心が高いこともわかっています。[5]

公衆衛生つまり健康は、人々の幸福に直接的な影響を与えることは自明であるといえます。しかし、これが政府にとっての財政上のメリットという点でも重要な意味があることが理解されてきました。２０１８年にイギリスは世界で最初の孤独担当大臣（Minister for Loneliness）を任命しましたが、そのときの理由として用いられたのは、孤立が現代の公衆衛生上の最大の課題であるというものでした。これは財政難に苦しむイギリスでの医療費の抑制を背景とするものでした。日本でも２０２１年に孤独・孤立対策担当室が設置され、イギリスに次いで世界で2番目に孤独・孤立対策担当大臣を任命しました。その後、「孤独・孤立対策の重点計画」が取りまとめられ、「人と人との『つながり』を実感できる地域づくり」に取り組むこととされました。

このような公衆衛生の課題としての孤立問題は、高齢化が急速に進む日本において最も重要なものであるのは間違いありません。先述した「ハーバード成人発達研究」では、良き人間関係によって人間は身体および脳の健康が守られるとしています。とくに脳の健康の問題は、日本の高齢社会を悩ます認知症の広がりを考えた場合にはきわめて重要です[6]。医療や福祉などの社会保障に係る負担は、日本の財政問題の中でも最大の課題です。これが孤立問題の克服によって軽減されるとすれば、社会全体にとっても非常に大きな意味を持つものであることは疑う余地がありません。

3　財政学の必要性

本書では、このように公共政策の新しい課題として立ち現れた孤立問題を解決するための「人と人のつながり」に対して、主に財政学の立場からアプローチしていきます。財政学は公共政策を扱う学問ですから、そこでもこれまでは「人と人のつながり」が正面から論じられることはありませんでした。しかし、社会が孤立問題に対して公共政策として対応してきている中で、これを財政学の論理としてどのように捉えるのかは重要な学問上のテーマとなっています。

本書は一般の読者の方を念頭においてはいますが、あくまで財政学という学術書として書かれています。それは単に社会現象としての孤立問題を取り上げて、それらに対して国や自治体に対応を迫るというだけでは、公共政策や財政問題としての理論的な正当化ができないことによっています。理論的な正当性を背景に持たない公共政策は脆弱であり、とくに今後予想される財政ひっ迫の深刻化が進むことで、そのような分野への財政負担は大きく切り詰められていくことが避けられなくなります。そのため、本書ではあえて財政学の理論的検討を最初の方で行うことで、その後に紹介するさまざまな「人と人のつながり」のための実践を支える章を設けています。理論に関する章は一般読者の方にとってはなじみにくい内容になっているかもしれません。しかし、「人と人のつながり」のための公共政策を支える論理的な局面においては、このような理論的根拠は重要な支柱となります。また抽象的な部分を除けば、これらの章の内容自体は興味を持ってもらえるものではないかと考えています。

以下に、本書の構成内容について簡単にみておきたいと思います。第2章と第3章では、財政学として「人と人のつながり」を正当化するための理論的検討を行っています。ここでは、現代の社会科学が前提としている「個人」ではなく「人と人のつながり」=コミュニティという実存に基づいた理論的展開が求められている点について、伝統的な財政学や政治哲学の再考から明らかにしていきます。また、最近よく論じられているコモンズの概念から「コミュニティ財」という新しい財の概念を提起することで、「人と人のつながり」をつくり出す財が従来の公共財や民間財とは異なる次元の財の存在を明らかにする試みを行っています。

第4章から第7章では、「人と人のつながり」のための政策の最前線である自治体での先駆的な事例を検討していきます。これらは、子ども、生活困窮、高齢、公共施設などさまざまな分野に及んでいます。それは一般的な「人と人のつながり」という捉え方ではなく、それぞれの分野ごとに多様なコミュニティづくりが不可欠であることを示すものとなっています。これらの事例を通じて、孤立問題を解決しようとする現実は、理論に先んじて展開していっていることがわかると同時に、それらの政策的な意義の大きさも明らかにされていきます。

第8章では、「人と人のつながり」をつくるための現実が地方自治体の実践だけではなく、それを支えるための国の財源措置の中にもあらわれていることを論じていきます。国による地方への財源措置についても、これまでは「個人」をベースにして行われてきました。これが近年になって「人と人のつながり」へとシフトしてきていることについて、「地方創生」を中心にしてみていきます。また、それを通じて、逆に地方自治体による「人と人のつながり」のための優れた政策実践こそが、人々の幸福な人生を支えるための財源確保の鍵を握っていることを示します。

注

1　「孤立した」(isolated) と「孤独な」(lonely) は似た言葉です。この違いを明確に区分する基準があるわけではないですが、社会学では孤立を客観的な状態、孤独を主観的な状態という意味で使うことがあります。英語の語源でいえば、孤立は「島 (island)」と同じです。これは「隔絶されている」というニュアンスを含むものであり、社会的な問題として扱う場合には「孤立」という言葉を使う方が適切だと考えられます。また、「孤独」には「寂しい」という意味もともないますが、単に「一人である」という状態も含まれます。人間には熟慮や自省などのために一人になる時間が必要であり、この言葉には「孤立」ほどのマイナスのイメージはありません。

以上の理由から、本書では孤立・孤独については基本的に「孤立」という言葉で統一して使うことにします。ただし、より一般的な意味で使う場合には「孤独」という言葉を用いるようにしています。

2　厚生労働省（2023年）『令和5年版　厚生労働白書』65～66頁。

3　厚生労働省、同前。母子世帯の孤独問題については、第5章でも取り上げます。

4　この研究については、アメリカの非営利団体TED（Technology Entertainment Design）が主催する講演会において、ハーバード大学教授のロバート・ウォールディンガーが「人生を幸せにするのは何？　最も長期にわたる幸福研究から（What makes a good life? Lessons from the longest study on happiness）」と題したプレゼンテーションを行ったことで世界的に広がりました。なお、この講演はTED Talksとして無料配信されており、YouTubeなどでも視聴することができます。

5　アーサー・C・ブルックス、木村千里訳（2023年）『人生後半の戦略書』SB Creative、第6章。

6　2024年の認知症施策推進関係者会議（第2回）において発表された認知症の推計では、2022年時点の患者数は443・2万人で有病率は12・3％であり、これが2040年になると患者数は584・2万人、有病率は14・9％に上るとされています。二宮利治（2024年）「認知症及び軽度認知障害の有病率調査並びに将来推計に関する研究」認知症施策推進関係者会議（第2回）。

第2章　「人と人のつながり」の財政学

1　財政学の理論

本章では、「人と人とのつながり」や孤立問題を扱う上で必要となる財政学の理論について検討していきます。これがなぜ大切かというと、これまでは財政が果たすべきと考えられてきた機能の中に孤立問題を扱うような論理は存在していなかったからです。そのため、ここでは財政学の基本を振り返りながら、これまでの理論がいかに現実と乖離したものとなっていたのか、また、そのような現実に対応するための理論の萌芽がどこに見出せるのか、さらには、そのような財政学を再構築する上で不可欠な哲学的なバックボーンを論じていくことにします。これは現実の政策論争においても重要な役割を果たすものとなるものです。そのため、少し抽象的になりますが、その内容の骨子についてはつかんでいただきたいと思います。[1]

現代の主流経済学は、「消費者主権」に基づいて理論がつくられています。消費者主権とは、「企業が供給する商品やサービスは消費者の需要に応じて決まる」というものです。需要とは支払い能力をともなう欲求やニーズのことであり、消費者が買ってくれるものを企業はつくって販売するのだという考え方です。

経済学の一分野である財政学も、この「消費者主権」の考えを基礎につくられてきました。財政は政府や自治体が管轄するものですので、その対象となる「消費者」とは住民を意味します。つまり、財政とは住民のニーズに応じて公共サービスや公共事業を提供することであると考えるわけです。この考え方は民主主義の基本に合致していることから、広く受け入れられていくことになりました。

しかし、住民のニーズには財政によって提供することが必ずしも望ましいとはいえないものが存在します。例えば、住民が日常的に購入するパンや衣類を行政が提供することを想像してみてください。それは住民が消費者として自分の好きなものをスーパー等で購入するべきだと考えられます。住民の共同資金としての財政は、そのような個人的な消費のニーズに応えるために支出されるべきではありません。そうした個人的に手に入れるべきものではない物資で、私たちが共同で使うべきものに財政は活用されるべきだということになります。

財政学では、このような国民・住民が共同で消費するものを「公共財」という理論で説明してきました。公共財のわかりやすい事例は、道路や公園といった社会資本です。これらは個々人で購入することはできない一方で、生活をしていく上では不可欠なものです。また、それらは国民や住民が共同で利用する性格を持つものです。そのため、これらは国民・住民が税金を負担し、それをつかって国や自治体が供給することになります。このような財政の役割は専門用語で「資源配分機能」とよばれています。

これに加えて、財政学では所得や富の格差を是正する「所得再分配機能」と、景気対策を行う「経済安定化機能」を財政の持つ役割であると整理してきました。先ほどの「資源配分機能」と合わせて、これらを財政の三機能とよんでいます。

財政は、国が所管する国家財政と地方が所管する地方財政に分けることができます。地方財政は、地域にある道路や公園などのインフラ整備や、消防や図書館などの公共施設の供給をもっぱら担うとされ、これらは公共財の中でも「地方公共財」とよばれています。そして、巨大なインフラ等の公共財、累進課税や社会保障を通じた格差是正を行う所得再分配、不況期の財政拡大などの景気対策を行う経済安定化は、いずれも国家財政の役割であると整理されてきました。

このような国家財政と地方財政の区分はわかりやすいものですが、現実には相互に依存し合っています。所得再分配といっても実際の福祉などは地方自治体が担っており、国はそれに対して補助金を出しています。しかし、地方自治体もそれに自らの財源を充てなければなりません。景気対策のために国が公共事業を拡大しようとしても、現実には地方自治体での公共事業を総動員しなければ国全体としての経済効果は見込めません。自治体のインフラや公共施設の整備においても、国は補助金を負担するケースが多くあります。

ここでは、財政学の論理において地方財政が担うべき分野は、地方公共財とよばれる地域のインフラや公共施設として理論的な整理が行われていることを押さえておきたいと思います。

2　財政の理論と現実のギャップ

ところが、現実の地方自治体が行っている事業をみれば、道路等のインフラ整備や公共施設建設は相対的に小さく、実際には福祉や教育などの公共サービスの分野の方がずっと大きくなっています。例えば、コロナ禍前の２０１９年度の性質別歳出の構成比をみれば、これらの建設費にあたる投資的経費は16・5％にすぎません。目的別歳出の構成比については、地方財政の歳出のうち主に公共サービスを行っている教育費と民生費の割合はそれぞれ17・6％と26・6％を占めています。これに対してインフラ整備を行う土木費は12・2％にすぎません。とくにこの傾向は市町村財政において顕著であり、市町村の歳出では教育費は12・6％、民生費は36・7％とこの二つだけで約半分の財政支出を占めています。市町村の教育費のうち教職員の給与の多くは都道府県が負担しているため、これを考慮すれば市町村の教育サービスの割合はさらに大きくなります。つまり、先ほどの財政の三機能でいえば所得再分配とよばれるものに近い領域が地方財政の中心的な役割になっているのです。

これに対しては、このような福祉や教育は所得再分配の役割を持つ国が地方自治体を通じて供給しているという見方があります。しかし、このような説明は一面では正しいものの、少し考えれば説得力がないことがわかります。例えば、公立学校による義務教育を考えてみましょう。義務教育を担う公立学校は公共サービスの一種である教育サービスを行うところであり、これは先ほどの言葉でいえば公共財ではありません。そのため、公立学校は財政の三機能の中では所得再分配の一つであると考える以外にはありません。しかし、公立学校による義務教育は、所得水準とは無関係にすべての住民に与えられる公共サービスとなっています。かりにこれが所得再分配のためのものであるならば、公立学校による義務教育は所得の低い家計の子どもたちに限定して教育サービスを行い、お金持ちには公立学校への入学は認めずに私立学校へ行ってもらうようにするというのが公共政策としての論理になってしまいます。少し理屈をこねて、義務教育には児童・生徒本人以外に社会全体に及ぶ「外部性」があるといわれたりもしますが、それも説得力のある論理では決してありません。教育サービスと同じことは、保育や介護などの福祉サービスにもそのまま当てはまります。つまり、これらの公共サービスの現実は従来の財政学では説明がつかないのです。

財政の理論が現実に合致していない点はこれだけではありません。自治体の役割として整理されている地方公共財について検討してみましょう。例えば、地域にある歴史的な記念公園や博物館・図書館といった公共施設を考えてみてください。これらの中で、住民のニーズに対応して自治体が建設することを決定したものはどのぐらいあるでしょうか。地域の歴史や偉人をテーマにした博物館は多くの自治体に存在しますが、それらが住民の声によって建設されたというケースは非常に少ないはずです。これは消費者主権に基づいて財政の支出内容が決定されるという理論の建前とは明らかに異なっています。ここにも、財政学の理論が想定していることとは違った現実の論理が介在しているはずです。

このような財政の理論と現実のギャップが存在するのであれば、それを深く検討することが必要になります。それを怠れば、現実が地域社会のニーズを体現しているにもかかわらず、教科書的な財政学の理論で重要な公共サービスや公共施設が削減されていく可能性が高くなります。もちろん、本当に財政の合理的な論理からみて無駄であったり不適切であったりするものは削減されなければなりません。しかし、その対象となる公共サービスや公共施設が大切な「価値」を内包している場合には、これまでの財政学の論理からの削減は社会的な問題を引き起こすことになります。例えば、消費者主権の考え方に基づけば、利用者の少ない公立図書館は無駄であり、削減するべき施設・サービスであるということになります。しかし、私たちの多くはそれに対して何らかの「違和感」を覚えるはずです。それは図書館には「消費者主権」を超えた「価値」が備わっていると感じているからです。

このような財政学の理論と現実のギャップは、地方財政がひっ迫してくればくるほど切実な課題として立ち現れます。このギャップを克服しなければ、大切な「価値」を含んだ公共施設や公共サービスが削減され、それによって地域社会に甚大な影響を及ぼすかもしれないからです。

私はこの理論と現実のギャップを埋めるための論理として、これまでの財政の三機能に加えて、四つ目の「コミュニティ育成機能」が存在すると考えてきました。ここでいうコミュニティとは、「人と人とのつながり」の中でも強い相互扶助や仲間意識を備えたものであると思ってください。しかも、このようなコミュニティはその範囲に含まれる人の数が増えるほど、相互扶助や仲間意識が弱まってきます[2]。そのため、この「コミュニティ育成機能」を担う財政の主体としては、自治体とくに市町村が最も重要な存在となります。そして、市町村の規模が大きければ、そのもとで活動するコミュニティそのものに期待される役割も大きくなってきます。これらのコミュニティには市町村を補完する公共的な役割が求められるからです。

3　「人と人のつながり」のための財政理論
―「価値財」という概念―

「コミュニティ育成機能」が財政の重要な役割であるという考えを最初に提唱したのは、現代財政学の礎を築いたリチャード・マスグレイブでした。実は、先ほどみた財政の三機能を理論的に整理したのはマスグレイブ自身だったのですが、彼はそれ以外にも「のどに刺さったトゲ」のような概念として、「価値財（merit goods）」という考え方の重要性を同時に提起していました。さらに重大なことには、この現代財政学の父といえるマスグレイブにとって、価値財の持つ理論的・現実的な意義の大きさは彼の晩年になるほど強くなっていきました。

価値財とは、消費者主権＝民主主義に基づかない国や自治体の公共サービスや公共事業を説明するものです。例えば、公立学校が児童に対して一律的に提供している学校給食を考えてみましょう。学校給食は、子どもたちが何を食べたいかに関係なく、公的機関が決めた食事内容を給食として提供しています。そこには子どもたちの意志＝消費者主権が反映されていません。もし子どもたちの意志を尊重するのであれば、弁当やデリバリー方式の方が理にかなっています。ここでよく持ち出される話は貧困家庭の問題ですが、もしそれだけに対応するのであれば弁当を持ってきてもらうための金銭的手当を別途行えばよいことになります。また、公営住宅のケースを考えてみましょう。公営住宅は自治体が建設して供給しているものですが、その目的が低所得者のための住宅確保であるなれば、彼らに民間のアパート等を借りるだけの金銭的手当を行えばすみます。その方が、彼らが自由に住みたい住宅を選択できるため、消費者主権の考え方には合致しています。

従来の財政学の理論に基づけば、このような学校給食や公営住宅は消費者主権を無視した非合理な公共サービスの提供でしかありません。そのため、金銭的手当などによって、住民の意志を尊重した施策へ変更すべきだということになります。ところが現実には、そのような住民の意志を直接的には反映しない現物給付の形態による公共サービスが提供されています。この問題に早くから切り込んでいったのがマスグレイブであり、それが価値財の概念にほかなりません。彼が価値財を最初に取り上げたのは１９５６年であり、その後も多くの著作でこの概念をさらに精緻化・拡充化していきました。

マスグレイブが価値財を最も網羅的に整理したのは、1987年に取りまとめられた『ニューパルグレイブ経済学辞典』においてでした。この中で、彼は「価値財」という項目を執筆し、価値財の概念が当てはまるケースを5つに整理しました。そしてこの中から、彼は価値財の核心部分として「コミュニティ」の存在を指摘します。人間には個人的な好みや欲求とは異なるコミュニティのメンバーとしての選好が内包されており、それらの例として歴史、環境、教育、芸術文化などに対する敬意や保護が挙げられています。そして、このようなコミュニティとしての大切なものを実現する財政活動を通じて、人間はコミュニティとしての共同価値を形成していくという歴史的な視座を与えました。

このようなコミュニティを体現する価値財という考え方には、その濫用によって恐ろしい社会的抑圧や思想統制が引き起こされるという危険が伴います。マスグレイブ自身もそのことは十分承知していましたが、それでもこのコミュニティの共同性をつくりだす価値財の役割は重大であると認識していました。彼は「コミュニティの一員であることは、（経済学の前提である）利己主義を超えた義務を負うものである」として、コミュニティとしての価値を体現した財政活動によって、自分の損得勘定だけで行動するのではなく、仲間意識に基づいた利他主義や社会全体の利益を考えた公民（citizen）が育っていくとしたのです。[3]

4　共同体主義と自治
―「公民性の政治経済」という考え方―

マスグレイブの価値財にみられる考え方は、哲学的には共同体主義（communitarianism）とよばれています。そのため、コミュニティを支える価値財という概念を確固としたものとするためには、この共同体主義についての理解が必要となります。

共同体主義の代表的な哲学者は複数存在しますが、自治体の行財政活動のあり方を考える際に最も参考となるのはマイケル・サンデルです。サンデルはＮＨＫの「ハーバード白熱教室」の講演で日本でも馴染みの深い政治哲学者であり、その特徴は現代経済学の考え方に対して痛烈な批判を展開しているところにあります。それは公共政策を考える上でも非常に参考になるものです。例えば、彼が書いた『それをお金で買いますか―市場主義の限界―』という本では、公共サービスの民間化にともなう腐敗や堕落といった哲学的議論が展開されており、形式的・表面的な公共サービスの民間化批判とは一線を画する深い考察がなされています。[4]

サンデルによれば、共同体主義においては自治の基礎に「共通善」が必要であり、そのために人々の中に美徳を育てることを求めます。それにより、人々は無差別な欲望や欲求とは異なった真の自由が得られるという思想が共同体主義の中に存在しています。[5] そして、このような共通善や公民をつくる役割を担うのがコミュニティであると考えます。ここでいうコミュニティには、家族、近隣、学校、町、都市、国、市民団体、労働組合など幅広い領域のものが含まれていますが、以下では自治体を意識して述べていくことにします。

サンデルは、コミュニティとは単なる仲間意識を超えたものであり、共通善のもとに各人はコミュニティの利益を考え、コミュニティのために行う活動を自らの表現行為であると捉えます。私たちは歴史の継承者として、コミュニティへの責務にそって生きることで、自分自身を深く理解していく存在であると考えます。

このような共同体主義の理念は、マスグレイブの価値財の考え方とも合致しています。価値財の中には、利己的個人とは異なった、自らのアイデンティティの源泉であるコミュニティや共通善を備えた個人という人間観が基礎づけられているからです。このことは、サンデルが言及する自治体の公共サービスに関する内容にもあらわれています。彼によれば、歴史的に公立小学校の公共的な性格とは、すべての階層の子どもたちが交流し合うことを通じて民主主義的な公民性の習慣を身につける場でした。また、近隣の公園も単なる娯楽の場ではなく、人々がコミュニティや公民的なアイデンティティを促進させるものとして整備されていったという歴史があります。

サンデルは経済政策においても重要な指摘をしています。例えば、彼は地域にある商店街を大変重視する一方で、市場原理に基づいてそれらを破壊するチェーンストアを痛烈に批判します。その理由は、地域の商店街はさまざまな階層や年齢の人々が行き交う公民的な空間であり、そこでの交流や経済活動によって私たちが公民的な感性を備えるようになるからです。ここから、商店街の振興や大型小売店の立地規制といった公共政策が正当な根拠として提示されることになります。簡単にいえば、地域の商店街はコミュニティの空間であり、大型小売店はそのような性格が希薄であると捉えます。よくある「弱者保護論」ではない、積極的な商店街振興策の政策的根拠がここには存在しています。[6] 同じことは、地域の中小企業政策や農業政策にも当てはまるものです。

さらに重要な点は、共同体主義の考え方に基づくことで、所得格差の是正や福祉のための政策が財政学の理論よりも強力な根拠によって支持されることです。共同体主義が所得格差の是正を肯定する理由は、単なる不公平の緩和にあるのではありません。なぜ所得格差が問題なのかといえば、それによって私たちの共通性が失われていき、金持ちも貧困者も共にコミュニティの一員であるという公民的な感覚を腐敗させていくからです。また福祉政策も、単なる貧困緩和といったものではなく、私たち一人ひとりが公民として備えるべき能力や精神性の育成につながるからこそ重要なのだと指摘されています。

私は、このような共同体主義の理念は現代の日本社会の再生にとって不可欠だと考えています。近年の社会科学の発展によって、人間の幸福が所得の大きさと比例するものではないことが明らかとなってきました。もちろん、経済政策の失敗、労働規制の緩和、公共サービスの遅れなどを通じて、いまだに多くの国民が経済的な貧困状態におかれています。それを解決するためには、さまざまな公共政策が行われていかなければならないことはいうまでもありません。しかしそれだけで、私たちが健全に暮らしていくための「人と人とのつながり」＝コミュニティが自動的に生まれるわけではありません。孤立問題が最大の社会課題となっている世の中では、「人と人とのつながり」の重要性を意識して、公共政策をそこへ収れんさせていく意識的な実践が必要になっています。

5 「人と人のつながり」を破壊する公共政策
―自治体の商業政策を事例にして―

ここで、サンデルが取り上げた大型小売店と商店街の事例をつかって、公共政策のあり方を考えてみましょう。

図表3をご覧ください。この図では、横軸に市場（経済）のプラス効果とマイナス効果、縦軸にはコミュニティにとってのプラス効果とマイナス効果をとっています。自治体が地域の小売業に対してどのような取組みを行うかによって、4つのパターンが生じることが示されています。

Aは、自治体が大型小売店の誘致によって地元商店街も共生的に活性化していくパターンです。現在、地方からの百貨店の撤退が問題になっていますが、単に百貨店がなくなるというだけではなく、それに連動して地元の商店街も衰退するのではないかという懸念も生まれています。これは、百貨店と商店街が無関係に立地していたのではなく、百貨店に買い物にやってきた人が地元商店街でも買い物をしたり食事をしたりするという相乗作用が働いていたことを示しています。これを逆から

図表3　市場とコミュニティへの政策効果

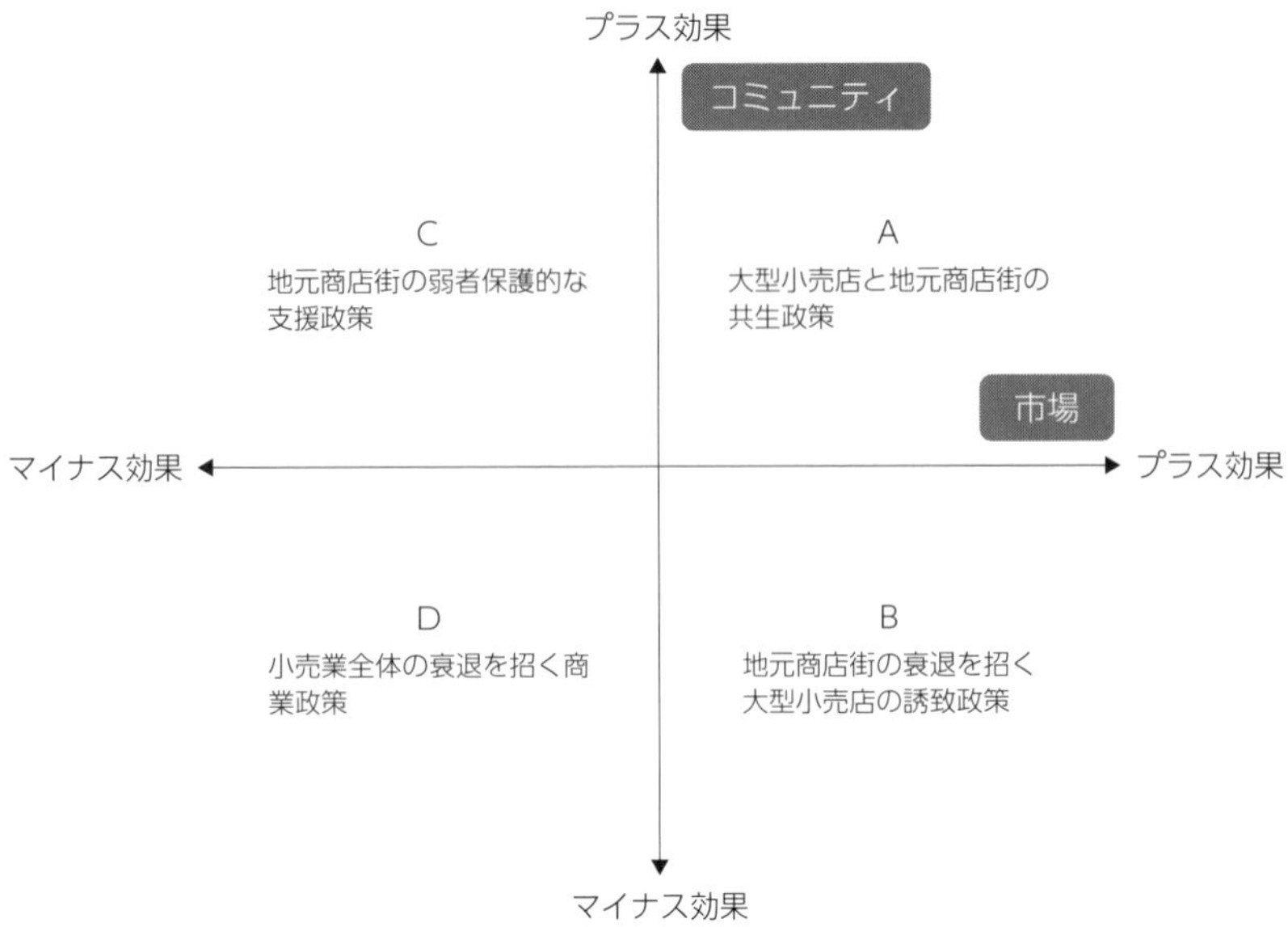

出所：筆者作成。

捉えれば、地元商店街と競合しないような大型小売店その他の事業者を誘致することによって、商店街も共に発展することがあるということになります。それによって、地域の経済にもコミュニティにもプラスの効果が発生するわけです。

Bでは、日本のあちこちでみられた大型小売店の誘致による地元商店街の衰退というパターンが示されています。これによって、経済的には地域にとってプラスになりうる一方で、商店街が衰退することでコミュニティの空間がなくなるというマイナスの効果の発生があらわされます。

Cのパターンは、地元商店街に対して単なる弱者保護のような支援策を行うことによって、地域経済全体にとってはマイナスになってしまう状況をあらわしています。いわば、商店街への支援を経済政策ではなく福祉政策として行っているのがこのパターンであり、これではコミュニティは支えられるかもしれませんが、地域経済の衰退にともなって将来的にはコミュニティも縮小していくといえます。

Dは、例えば商業政策の全般にわたって自治体が全く無策の状態であり、地域経済が活性化することもなければ、地元商店街の衰退によってコミュニティも縮小の一途を辿っていくというパターンです。商業政策を犠牲にした大型の開発事業なども、このパターンに含まれます。

これまでの自治体政策では、商店街の持つコミュニティとしての価値は軽視され、地域経済を成長させるということに焦点が当てられてきました。それは行き過ぎた市場主義や個人主義（消費者主権）の当然の帰結でした。「人と人とのつながり」の重要性について私たちは過去の経験を通じて感覚的には共有していますが、それを現代の公共政策に求めるような客観的な根拠を示すのは困難でした。だからといって、コミュニティの価値を無視してしまう政策を行うのは暴挙であり、私たちにとってきわめて大切な「価値」を消滅させてしまうことにつながります。

「人と人とのつながり」を再構築することが公共政策の重要な課題であるとすれば、今後の自治体は**図表3**の縦軸で示したようなコミュニティにとっての効果を考慮した計画と実践を行っていかなければなりません。その意味において、同図のようなコミュニティの価値を軸においた政策づくりはきわめて重要です。例えば、横軸に「市場」に代えて「教育」や「福祉」などをとっても同じように考えることができます。これについての最近の事例をとりあげてみましょう。

コロナ禍が始まった2020年に国民一人あたり10万円を一律に支給する特別定額給付金がありました。この特別定額給付金の議論の過程では、所得水準に関係なく一律に現金を支給するのか、それとも一定の所得制限を設けて低所得者に限定した給付を行うのかが争点となりました。これは福祉政策においては常に論争になる点です。特別定額給付金の場合でも、所得制限を設定すれば困っている人に対して大きな支援ができるため、財政の基本的な役割である「所得再分配」の効果は大きくなります。ですので、従来の財政学の理論に基づけば、所得制限を設けて低所得者にのみ現金を給付するという政策の方が合理的です。

ところが、「人と人とのつながり」という軸を考慮すればどうなるでしょうか。たしかに、低所得者に限定した現金給付は貧困対策や格差是正には大きな効果を持ちますが、この対象から漏れ落ちる中所得層以上は給付を受けられないことに対して不満を抱くことになります。生活保護バッシングなどにもみられるように、そのような不満や怨嗟の眼差しは現金給付の対象となった低所得層に向けられがちです。それは「人と人とのつながり」やコミュニティとしての一体性を破壊しかねないものです。実際の特別定額給付金の制度は政権与党が広く国民から政治的支持を得たかったことによって決まったといえますが、その効果としては給付金の受給者を限定した場合に生じたと思われる「人と人とのつながり」の悪化を防いだと考えられます。このような考察は、コミュニティにとっての効果という軸を公共政策の中に取り込むことの重要性を示すものです。

6　地方財政の新しい地平

本書を「地方財政の新しい地平」と銘打っているのは、従来の財政学が構築してきた財政の三機能に加えて、第四の機能として「コミュニティ育成機能」を設定することに理由があります。それは特別定額給付金の考察でもみたように、他の財政の果たすべき機能を犠牲にしてでも重視しなければならない公共政策が存在していることを示しています。

現代社会の最大の課題が孤立問題であるとすれば、財政は従来の機能だけではなく、「人と人とのつながり」を再構築するコミュニティの育成をはかっていかなければなりません。その端緒をたどっていけば、財政学ではマスグレイブの価値財という概念に行き着くことができるとともに、それを土台として支える政治哲学として共同体主義＝コミュニタリアニズムという確固とした思想が存在しています。

共同体主義の考え方は、よく言われる「リベラル」（リベラリズム）とも異なります。リベラリズムも個人の自由を基礎にした思想であり、そこには共同体主義のようなコミュニティの位置づけの大きさはありません。むしろ、コミュニティが大きくなりすぎることは個人の自由を阻害することにつながります。そのため、リベラリズムはコミュニティに対して評価するところがあったとしても、それは非常に消極的な意味合いでしかありません。サンデルも指摘しているように、市場原理主義といってよい新自由主義も、累進課税や福祉政策の根拠となるリベラルなケインズ主義も、コミュニティの存在を等閑視している点では同じものでしかないのです。

現代のリベラリズムは格差是正や福祉の充実のための政策を支持します。しかし、その範囲はせいぜい国民国家としての範囲が限界です。もちろん、国際援助等も行われてはいますが、所詮は国内政策の追加部分といった程度にすぎないものです。これは、個人の自由を尊重するリベラリズムも国民国家という共同体の枠内で考えられているだけであって、結局は共同体＝コミュニティの範囲の程度問題にすぎないのです。その意味では、共同体主義の考え方はかなり強力なものです。しかも、すでに数多く論じられているようにコミュニティの感覚が狭域であるほど強いとすれば、それを統括する自治体という地方政府の役割が重大になるのは当然です。

ここに、地方財政論として新たに発展させられなければならない理論的・実践的な課題が存在しているのです。

注

1　本章の内容について詳しく知りたい場合には、森裕之（２０１７年）「地方財政論の共同体主義による再規定」（『政策科学』24巻3号所収）を読んでみてください。

2　イギリスの進化生物学者・心理学者であるロビン・ダンバーは、一人の人間が持てる友だちの数は約１５０人という有名な「ダンバー数」を提唱しています。これは動物の群れの規模は脳の大きさに比例しており、人間の脳の大きさから強い社会集団の規模は１５０人程度であると推定したものです。このダンバー数のポイントは、社会集団の規模が小さいほど仲間意識が強くなり、逆にその規模が大きくなるほど仲間意識が希薄になっていくことを示している点にあります。ロビン・ダンバー、藤井留美訳（2021年）『友達の数は何人？―ダンバー数とつながりの進化心理学―』インターシフト。

3　人間の行為が金銭よりも道徳の方に強く影響されることは、実験経済学の分野でも確かめられてきています。これについては、次の文献が参考になります。サミュエル・ボウルズ、植村博恭ほか訳（2017年）『モラル・エコノミー―インセンティブか善き市民か―』NTT出版。

4　マイケル・サンデル、鬼澤忍訳（2012年）『それをお金で買いますか―市場主義の限界―』早河書房。

5　サンデルの共同体主義について学びたい読者には、少し大部ですが、次の文献をぜひ読んでほしいと思います。マイケル・J・サンデル、金原恭子・小林正弥監訳（2010・11年）『民主政の不満（上・下）』勁草書房。

6　最近になって商店街がコミュニティの空間として捉えられはじめましたが、2000年代までは新自由主義的な消費者主権論に基づいて「商店街が大型小売店に市場競争で負けるのは消費者の合理的選択の結果であって経済的にも望ましい」という考え方が大勢を占めていました。この前提に立てば、商店街振興策のような公共政策を正当化できる根拠は存在しません。共同体主義は社会に対する深い理解に基づいて、そのような市場主義を哲学的に批判してきたのです。

第3章　「人と人のつながり」をつくるコミュニティ財

1　流行する「コモンズ」

「コモンズ」や「コモン」という言葉がいまや市民権を得たようにあちらこちらで使われるようになりました。日本語でcommonは「共通」や「共有」と訳されるように、私たちが個人で所有したり使用したりするものではなく、他者と一緒になって所有・管理運営するものという意味が込められています。わかりやすく言えば、「みんなのもの」ということになります。

現代社会で私たちが共有しているもの中で最も大きなシェアを占めるのは、地方自治体等の公共団体が所管する公共施設や公共サービスなどです。市民社会の力が弱い場合、公共施設や公共サービスの所有・管理運営の主体は自治体になるように思われます。しかし、これらはもともと住民が共有・運営するものであり、自治体はそれを管轄する専門機関にほかなりません。そのため原理的には、自治体等の公共施設や公共サービスを「コモンズ」と捉えても間違いではありません。

実際にも２０２２年から杉並区長となった岸本聡子さんは、日本でも進む民営化・民間委託などの市場化を批判し、「公共の再生」を公約に掲げて当選しました。それは、かつては自治体が直営で行っていた公共施設や公共サービスを自分たちの「コモンズ」として市場から再び取り戻していこうという運動でした。ただし、公共施設や公共サービスを地域のコミュニティがすべて担うというのは現実的ではないため、ここでいう「コモンズ」とは具体的には自治体による所有や運営のもとにこれらを置くという意味が中心だったといえます。

このように、論理的には公共施設や公共サービスを「コモンズ」として理解することは可能です。しかし、そうであるならば、公共施設や公共サービスの直営化や再公営化などと言った方が正確でわかりやすいはずです。ですので、岸本さんらが「コモンズ」という言葉を使う意味は、公共施設や公共サービスは役所としての自治体ではなく住民のものであるという点に行き着くと解されます。

しかし、もともとコモンズというのは別の意味で用いられてきており、そこにこの概念の独自性がありました。最も有名なのは、アメリカの生物学者であったギャレット・ハーディンが１９６８年に*Science*という学術誌に発表した「コモンズの悲劇」（"The Tragedy of the Commons"）という論文です。ここでハーディンが用いたコモンズの事例は、複数の農民が共有する牧草地でした。その内容は、それぞれの農民が共有地を自由に利用すれば、自分の利益を優先するために牧草地は荒れ果ててしまうというものでした。この話の中には自治体等の公共団体は入ってきていません。

これに対して、アメリカの政治学者・経済学者であったエリノア・オストロムは、公共団体が関与しないコミュニティでもコモンズが適切に管理運営されることで持続可能であると主張します。彼女は２００９年にノーベル経済学賞を受賞しますが、その際に評価されたのはこのコモンズの理論と実証でした。これは経済学の文脈でいえば、それまで「市場か政府か」という二項対立の中で経済のあり方を論じてきた中において、あらたにコミュニティが適切に供給したり管理したりするコモンズが存在することを再認識させたことが重要な貢献でした。つまり、財の性質から導かれる適切な供給主体が市場、政府、コミュニティの３つに拡張されることになったのです。[1]

ただし、こうした経済社会の捉え方そのものは以前からありました。経済社会学者のカール・ポラニーは、財やサービスの移動形態をつくる経済行為を互酬、再分配、市場交換の３つに分類しました。[2]これらの経済行為の主な担い手としては、互酬はコミュニティ、再分配は政府、市場交換は市場がそれぞれ該当することになります。ポラニーの視座は歴史的であり、経済システムの中で市場交換の地位が支配的になることによって、社会全体が市場に従属することへの警鐘を鳴らしています。それはコモンズを担うコミュニティの領域が市場に取って代わられていくことを含意しており、現代ではもはや誰も否定できない経済社会の現実の変化となっています。

この市場による支配は、新自由主義が推し進めてきたグローバル経済において最高潮に達しました。それによって引き起こされた公共施設・サービスの市場化、コミュニティの破壊、格差拡大、地球環境危機などに対して、それらへの実践的な対抗軸として打ち出されてきたのが「コモンズ」にほかなりません。

2　「人と人のつながり」をつくるコモンズという財

オストロムやポラニーのコモンズないしコミュニティはシステムとしての捉え方が強いものです。とくにオストロムのコモンズの概念ではその傾向が顕著です。

オストロムは経済学の理論をベースにコモンズを理解しようとしたため、コモンズという財の性格からそれを供給管理するコミュニティの合理性を導き出そうとしました。例えば、彼女は日本の入会地のようなコモンズを紹介し、それらは村落が共同所有として長らく維持管理してきた典型の一つとしています。しかし、ここには共同所有というものに対するより深い洞察がみられません。上記の例でいえば、入会地の所有管理の主体を村落から村役場に置き換えても何ら不自然さがありません。このようなシステム的ないし静態的なコモンズの捉え方は、私たちがこの言葉から感じ取る実践的イメージとも異なっているといえます。

たしかに、コモンズが入会地のような具体的な財であるという点は間違いありません。しかし、コモンズがコモンズたる理由は、財としての性格だけでは十分に見出せません。実はここにコモンズの本質があります。それは「コモンズ化する（commoning）」という言葉に体現されます。この言葉をあえて日本語で説明するとすれば、「共同での行為を通じて所有管理する」といったものになります。つまり、コモンズを単にコミュニティが所有管理しているという静態的な見方ではなく、そのコミュニティの成員である人々がそれぞれ協力しあってコモンズを支えているという動態的な捉え方こそが重要です。例えばヨルゴス・カリスらは、「コモンズ化する」ことに対して、「共有の資源をつくり、維持し、享受していくプロセス」という説明を与えています。[3]

マッシモ・デ・アンジェリスというコモンズ研究者がいます。彼は２０１７年に *Omnia Sunt Communia: On the Commons and the Transformation to Postcapitalism* という本を出版します。[4] この本のメインタイトルはラテン語で「すべてのものは共有されるべきである」、サブタイトルの方は「コモンズとポスト資本主義への転換について」という意味になります。彼のコモンズの概念は構造的かつ動態的なもので、コモンズとは単なる共有の資源ではなく、いくつかの組織や活動を包摂した社会システムそのものでもあるとしています。コモンズには「コモンズ化する」ための諸要素が総合されることが必要であり、それらは活動をするコミュニティ、継続的な交流、意思決定と協働の機会から成っているとしています。そのようなコミュニティ活動という社会システムの能動的な側面を欠いた場合、それはコモンズではなく単なる共有財（common goods）に過ぎないものであると断定します。これは通常の経済学の概念では公共財（public goods）に当たるものです。ここで再び入会地を例にとれば、それが単に共有されているだけであればコモンズではなく、それを地域の人々が協力して共同で管理運営しあうことによって、入会地はコモンズになるということになります。すなわち、コモンズは人々がそこでコミュニティとして活動することを通じて、はじめてコモンズになるというわけです。彼によれば、共有財＝公共財は経済学でいうところの使用価値（use value）しか生み出しませんが、コモンズはそれに加えて関係価値（relational value）をつくりだすとしています。この二つの価値が生み出されている場合に、その財はコモンズになるというのです（**図表4**）。また、彼はオストロムに対しても厳しい批判を行い、彼女がコモンズを財の性格を起点として規定し、資本や国家がコモンズに与える絶えざる脅威に対して楽観的な態度をとっている点を問題にしています。

図表4　コモンズの成立状況

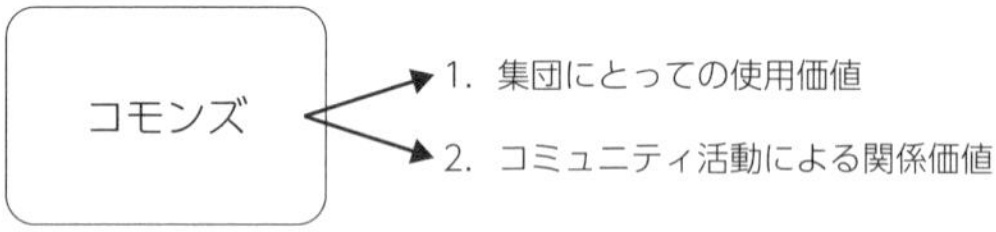

出所：筆者作成。

マルクス経済学者として著名なデヴィッド・ハーヴェイも同じ趣旨のことを述べています。彼は国家権力の強大さの重視から「公共空間と公共財はつねに国家権力や公的行政の問題」であるとしつつ、「公共空間と公共財がコモンズの質に大きく貢献する一方で、それらを人々が領有したり本来のコモンズにするためには、市民や人民の側での政治活動が必要となる」としています。デ・アンジェリスと同様に、ハーヴェイも社会的諸集団がコモンズとの社会関係を生産したり確立したりする＝「コモンズ化する」という社会実践こそが、コモンズの本質であると論じています。[5] ハーヴェイもオストロムを批判していますが、それは彼女が取り上げるコモンズが狭い空間にとどまる小規模なものでしかなく、その背後に広範に広がるコモンズは国家の権力性がともなう点を無視しているというものでした。

私もこのような「コモンズ化する」という考え方は決定的に重要だと考えています。「コモンズ化」の度合いには強弱がありますが、そこに共通しているのは「人と人のつながり」にほかなりません。共同の活動が強まれば「人と人のつながり」は信頼に支えられた強いものになるでしょうし、互いにおしゃべりするだけでも何らかの「人と人とのつながり」が生み出されます。つまり、コモンズの基礎は「人と人のつながり」にこそあるのです。

このコモンズの本質は入会地のような財の範囲を飛び越えて、あらゆるものに応用可能です。例えば、第2章で紹介したサンデルの地元商店街に対する支持も、これによって一層深い文脈で捉えることができます。サンデルが商店街を擁護した基本的な理由は、その空間がさまざまな社会的・生物的階層の人々が行き交う場として持つ公民的性格によるものでした。いま同じ商店街が2つあると仮定して、ひとつは人々がただ単に通行や買い物をしているだけのものであり、もう一つはそれらの行為を通じて人々が豊かなコミュニケーションをとっている場になっているとしましょう。どちらの商店街の方がコモンズとしての性格が強いか、また、人々の公民性を育むものであるかは明らかでしょう。人々が活発にコミュニケーションを取り合っている商店街は、「コモンズ化する」という意味において非常に強いコモンズとしての性格を備えていることがわかります。

これまでみてきたことをまとめると次のようになります。現在「コモンズ」という言葉は、市場化された公共施設や公共サービスを自治体が直営に近い所有や運営の形態に戻すという意味合いで使われることがほとんどです。しかし、「コモンズ」はもともと公共部門でも市場でもないコミュニティによって所有管理されるものであり、そこではコミュニティの役割が重要な要素としてあらわれてきます。そして、「コモンズ」がコモンズとして成り立つためには、コミュニティが「コモンズ化する」行為を共同で実践していくことが不可欠となります。以上の整理から導きだされるポイントは、コミュニティの人々が協働によってコモンズを所有管理して共同利用し、その活動を通じて「人と人のつながり」をつくりだしていくという点に見出せます。

この「人と人のつながり」はコモンズを持続・発展させていくための「手段」になるものですが、同時に「人と人のつながり」を取り戻して孤立をなくしていくという「目的」そのものでもあります。ここに、本書が「人と人のつながり」を社会関係資本ないしソーシャル・キャピタル（social capital）という学術用語と区別して使う理由があります。社会関係資本という概念は、もともと経済や行政の組織における生産性の違いが通常の資源だけでなく成員同士の信頼等によっても生じていることを示すものでした。そもそもcapitalは「資本」ないし「元手」という手段を意味するものであり、そこには目的としての意味がありません。この点において、社会関係資本は本書が使う「人と人のつながり」やコミュニティの意味とは異なるものです[6]。

3　公共政策とコミュニティ財
―新しい財の区分基準―

「コモンズ」の検討を通じて、それを所有管理する共同での営為（コモンズ化）が「人と人のつながり」をつくるという重要な視点が得られました。この「人と人のつながり」ないしはコミュニティをつくるという基準は、従来の経済学では用いられてこなかったものです。経済学ではあくまで「個人」に依拠した基準で論理体系を組み立ててきたからです。

しかし、それに対して「人と人のつながり」という基準をあらたに加えることによって、これまでの財やサービスの概念を超えた重要な区分を示すことができます。これが、本書において「新しい地平」という言葉をタイトルに付けた理由にほかなりません。

自治体の財政はさまざまな公共政策を行うために用いられます。そのために供給される財やサービスにはいくつかの経済的な性格がありますが、その最も重要な区分が「共同消費性」です。これは公園などのように、複数の人々がそれぞれの使用価値を損なうことなく共同で利用できる性格をあらわしています。これに「コモンズ」の検討から析出されてきた関係価値という基準を加えて、公共政策による財やサービスを分類してみたのが**図表5**です。経済学の整理に従ったところがある

図表5　公共政策における財とサービスの区分

		共同消費性	
		公共財（○）	公共サービス・民間財（×）
関係価値性	コミュニティ財（○）	コモンズ	普遍的な公共サービス
	非コミュニティ財（×）	非コモンズ的な公共財	選別的な公共サービス

出所：筆者作成。

ため、用語がわかりにくい点があるかもしれませんが、ここでは公共財は有形の公共施設、公共サービスは無形の福祉や現金給付などを念頭においていただければかまいません。

共同消費性は複数の人々が共同で利用できるか否かの基準であり、共同利用できる公共施設は公共財となります。それに対して、介護サービスなどの福祉はそれが対人サービスであることから複数の人が同時に特定の個人へのサービスを利用することができません。これが公共財と公共サービス・民間財を分類する基準となります。

この基準に対して、その財やサービスが「人と人のつながり」という関係価値をつくりだすかどうかという基準が「関係価値性」です。ここでは、関係価値性がある公共政策を「コミュニティ財」とし、それがない場合を「非コミュニティ財」とよぶことにします。この関係価値性という基準を共同消費性に加えれば、先ほどの公共財と公共サービスがそれぞれさらに2つずつに分類され、合計で4つの類型があらわれます。

まず、公共施設のような公共財が関係価値性をつくるコミュニティ財としての性格を持つ場合、それはまさに先ほど検討したコモンズにほかなりません。これに対して、公共財ではあるものの、「人と人のつながり」をつくりださない関係価値性の薄いものは「非コモンズ的な公共財」とよぶことができます。

前者と後者の違いを事例で説明してみましょう。いま同じような図書館が2つあるとします。一つは、図書館の中で人々が本や雑誌を読むだけでなく、さまざま交流活動を行って互いのつながりを広げたり強めたりしている公共空間として機能しています。もう一つは、図書館の中で個々人がそれぞれ本や雑誌を読んでいるだけで、互いにコミュニケーションを行っていないような場合です。建物としては同じ図書館であったとしても、そこで行われている活動がコミュニティに与える影響はまったく異なっています。経済学がこれまで公共財とよんできたものはこの両方を含んだものだったのですが、それが公共政策として持つ意味は大きく異なっていることがわかります。

同じことは、無形の公共サービスにも当てはまります。公共サービスの中には、その利用に対して所得制限を設ける場合とそうでない場合があります。所得制限以外にも、年齢や地区などさまざまな利用にともなう制限を付けている場合も少なくありません。公共サービスの中で、特段の制限を設けずに誰でも使えるものを「普遍的な公共サービス」、所得制限のような利用基準を設けているものを「選別的な公共サービス」とよぶことにします。ポイントは、前者には「人と人のつながり」をつくるコミュニティ財としての性格がある一方で、後者にはその性格が欠けており、場合によっては「人と人のつながり」を壊すことさえあるという点です。これに関連した例として第2章で特別定額給付金について取り上げましたが、さらに理解を深めるために子育て支援への現金給付（子ども手当）についてあらためて検討しておきたいと思います。ここでのポイントも、子ども手当において所得制限を設けるべきかどうかという点にあります。

公共政策の重要な目的である格差是正の観点に立てば、子ども手当については所得制限を設けた方が合理的です。限られた予算のパイの中で、中間層以上の家計には子ども手当を支給せずに、その分だけ生活困難な子育て世帯に多額の子ども手当を給付した方が格差是正の効果が大きくなるからです。これが所得再分配という財政の重要な機能にほかなりません。

しかしこの場合に、所得制限に引っかかって子ども手当が支給されなかった世帯はどのような感情を抱くでしょうか。「私たちが子ども手当をもらえない分だけ、生活困難な子育て世帯が助かるからよかった」と素直に思える世帯がどれだけあるでしょうか。人間がそんな立派にできているわけではないことは、繰り返される生活保護受給者に対するバッシングをみても明らかでしょう。そこから考えれば、子ども手当を支給されなかった世帯は「自分たちだけ損をした」という気持ちになり、場合によってはそれが子ども手当の受給世帯に対する嫉妬や反感の感情へとつながっていきます。これは「人と人のつながり」をつくるという関係価値性の性格が備わっていない公共サービスにほかなりません。

これに対して、所得水準に関係なく一律の金額を支給する子ども手当では、このような「人と人のつながり」を損なうことがありません。つまり、所得制限を設けない普遍的な公共サービスにおいては関係価値性が下がることはなく、むしろ同じ公共サービスを受給している仲間としての連帯意識が生み出される可能性があるといえます。さらには、所得制限がある場合ほどではないものの、同じ金額の支給は低所得世帯ほど金銭的価値が大きくなるため、格差是正の点においても効果があります。

コミュニティ財（関係価値性）からみた場合、自治体は多様な人々の交流する公園のような「コモンズ」を供給したり、地域の子どもたちに等しく与えられる給食費無償化サービスのような「普遍的な公共サービス」を実施したりする公共政策を行っています。他方では、自治体が公共施設や公共サービスの利用に対して相対的に高い公共料金を設定することで、コミュニティ財としての性格が損なわれるケースもあります。それによって、公共料金の水準を安いと思う住民は利用に際する金銭的障壁は感じない一方で、それを高いと感じる住民は利用を抑制してしまいます。このような場合には、同じ公共施設や公共サービスの利用の有無によって、一体感のあるコミュニティの意識は損なわれてしまうのです。ただし、それは自治体の公共施設や公共サービスの利用料金を無条件に無償ないし低廉なものにすべきであると主張するものではありません。大事なことは、その水準を検討する際の基準の一つとして、関係価値性の考え方を取り入れるべきであるという点にあります。

公共施設や公共サービスの利用料金をどうするかは、自治体では常に議論となります。そこには公共政策をめぐるトレードオフ（二律背反）の問題があり、利用料金を高くすれば住民同士の関係価値性が損なわれますが、低くすればその分だけ財政負担が大きくなってしまいます。この財政負担が大きくなればなるほど、その他の福祉サービス等に回すことができる財源が失われてしまうことになります。ここには、「人と人とのつながり」か、格差是正かという難しい選択問題があります。この問題には一意的に決まるような正解は存在せず、それぞれの自治体が自分たちにとって最適と考えられる判断をしていくしかないのです。

コミュニティ財（関係価値性）という新しい基準は、自治体が絶えず直面する公共政策のあり方を検討する際に重要な役割を果たすことになります。孤立問題が社会全体に広がっている現在において、この基準はますます重要なものとして認識されていかなければなりません。

4　自治体の財政運営とコミュニティ財

「人と人のつながり」をつくるコミュニティ財（関係価値性）の概念は、世帯単位から地球規模に至るまでいくらでも拡張して応用することができます。ただし、第2章でもみたように私たちが仲間を意識することができる人数は限られています。また、強い「人と人のつながり」においては、「経験」の共有が大きな役割を果たします。私たちは経験を通じて価値観を内面化していきますが、そのような価値観が共有されている者同士の方が仲間意識は強くなるからです。コミュニティという言葉が狭い領域でのつながりをより強く想起させる理由もここにあります。

このことを公共政策に当てはめた場合、ここでも地方自治体とくに市町村の役割が最も重要であることがわかります。地域における住民の間での同じ経験によって、互いに価値観を共有していく機会が大きくなるからです。それを通じて地域への帰属意識やアイデンティティが培われることによって、住民個人の情緒的安定や地域のコミュニティ活動の活性化も期待できることになります。これらは公共政策における重要な政策上の目的となるため、地域を統括する自治体はこの点を踏まえた財政運営を実践していくことが必要となってきます。

これまで多くの地方自治体では、公園の整備に際しては遊具や塀のような構造物を重視してきました。住民はそれらの遊具等を使って遊び、それが福祉の増進であるとみなされてきたわけです。しかし繰り返し述べてきたように、同じ公園で遊ぶといっても、住民が個々人で好き勝手に遊んでいる状況と、住民同士が豊かなコミュニケーションを取りながら遊んでいる状況では、公共政策の持つ意味がまったく異なります。前者は単なる公共財として「人と人のつながり」をつくることはありませんが、後者は強いコミュニティ財（関係価値性）を持つコモンズとして「人と人のつながり」をつくっていきます。

実際の自治体の財政運営においては、「人と人のつながり」が重要であるからといって、それを予算費目として正面に掲げて展開していくというのは難しいところがあります。「人と人のつながり」をつくりだすのは予算の多寡ではなく、住民による多様なコミュニティ活動によるところが大きいからです。公園を例にとれば、設計・建設段階において「人と人のつながり」をつくりだす工夫を凝らすことは可能ですし、そこで行われるイベントに対して自治体が補助金を支給することもできます。しかし、これらは自治体の予算費目として統計的に大きな比重を占めることはありません。その意味では、「コミュニティ育成機能」という自治体財政の果たす役割は、予算全体としてみた場合には小さくなってしまいます。そのため、「人と人のつながり」を重視した政策が展開していったとしても、それが自治体財政の変化として目に見えるかたちになることはほとんどありません。

したがって、自治体財政の分析においても実際の政策事例を通じて「人と人のつながり」がどれだけ追求されているのかを個別的にみていくことが必要となります。それは財政全体からすればわずかな部分にしかすぎませんが、そのような公共政策を通じて自治体が「人と人のつながり」を回復させようとしている事実は、地方財政の新しい実践が従来の理論を超えて行われていることを示すものです。

「人と人のつながり」のための財政学においては、自治体財政の制度や運営に基礎づけられた個別的な事例を積み上げていくことが不可欠です。以下の各章では、この点を念頭においた自治体政策の評価を行っていきたいと思います。

注

1　エリノア・オストロム、原田禎夫ほか訳（２０２２年）『コモンズのガバナンス―人びとの協働と制度の進化―』晃洋書房。
2　カール・ポランニー、吉沢英成ほか訳（１９７５年）『大転換―市場社会の形成と崩壊―』東洋経済新報社。
3　ヨルゴス・カリスほか、上原裕美子ほか訳（２０２１年）『なぜ、脱成長なのか』ＮＨＫ出版、39頁。
4　De Angelis, M. (2017) *Omnia Sunt Communia: On the Commons and the Transformation to Postcapitalism*, London: Zed Books.
5　デヴィッド・ハーヴェイ、森田成也ほか訳（２０１３年）『反乱する都市』作品社、１３０～１３２頁。
6　社会関係資本（ソーシャル・キャピタル）についての議論を包括的に取り上げた専門書としては、要藤正任（２０１８年）『ソーシャル・キャピタルの経済分析』慶應義塾大学出版会があります。

第4章　財政改革とコミュニティ
―明石市の子ども政策―

1　子どもに対するコミュニティ財

公共政策の手段としての財政が「人と人のつながり」をつくるためには、「コモンズ」や「普遍的な公共サービス」というコミュニティ財（関係価値性）の充実を図っていく必要があります。ただし、「人と人のつながり」というのは一般的なものであり、具体的にどのような人々が交流したりコミュニケーションを取り合ったりするのかというのは異なります。住民全体がつながり合うというのは、理念としてはありえても現実には不可能なものです。そのため、自治体は「人と人のつながり」をつくる具体的な対象を定めて、そこへ向けた取組みを展開していく必要があります。人が仲間意識を持つためには、何らかの共通性が不可欠であるからです。

子育て支援で全国的に有名になった兵庫県明石市は、「人と人のつながり」をつくる対象を子ども・子育て世帯に当ててきた自治体です。同市が行ってきた子ども施策の中で象徴的に掲げられてきたのは「5つの無料化」(18歳までの医療費、第2子以降の保育料、中学校の給食費、公共施設の遊び場、おむつ定期便(0歳児見守り訪問))であり、とくに医療費、保育料、給食費の無料化は全国的に取組みが早かったことから注目されてきました。

これらはたしかに自治体として注目されるべき政策実践であったことは間違いありません。医療費や給食費などの無料化は自治体の経常経費を大きく増やすため、その分だけ他の予算を削減して回してくることが必要です。それぞれの予算費目にはそれぞれに関連する企業・団体や個人が利害関係者として存在しています。それを大幅に変更することになれば、これらの利害関係者から自治体がさまざまな圧力や反対が加えられることは当然です。彼らは自治体の予算を通じた諸施策によって、事業や暮らしが支えられているからです。

明石市が有名になったのは、子育て世帯が流入することで人口が伸びていったことが最大の理由です。日本中が少子高齢化の大きな流れに呑み込まれている中で、兵庫県の地方都市である明石市で若年人口が増加しているという事実が驚くべきことだったのは間違いありません。実際にも「5つの無料化」政策の推進とともに流入人口が増加していったという相関関係もみてとれます。そのため、明石市の公共政策上の教訓は「公共サービスを無料にすればよい」という単純な発想へとつながってしまいます。

しかし、このような発想は公共政策の考え方を歪めてしまう可能性があります。明石市の無料化政策が人口増加につながったことを根拠に自分たちの自治体でもそれを行うのだとすれば、このような公共政策が人口増加のための手段として位置づけられていることになります。この場合、人口増加が見込めなければ、その自治体は無料化政策を実施しない方がよいという判断になってしまいます。

また、無料化政策を単なる福祉政策として位置づけることは非常に多くみられます。端的にいえば、公共サービスを無料にすれば住民が助かるという素朴な考え方です。しかし、前章まででもみたように、所得水準に関係なく一律に無料化政策を行えば、格差是正のための所得再分配としての財政の機能は弱まってしまいます。もちろん全体に対する無料化政策を実施しても格差是正にはつながりますが、そんなことをするよりも単純に貧困化対策として低所得世帯にだけ無料化を実施した方が政策効果は高くなります。

それにもかかわらず、多くの人は住民全体にわたる公共サービスの無料化を支持する傾向があります。私には、それは人々が単純にしか物事を考えていないからだとは思えません。むしろ、そのような発想につながる私たちの感覚の鋭さに原因があるとみています。それが何かといえば、「人と人のつながり」を大切にするという人間に本来的に備わった感覚であると考えています。このような考え方は決して独善的なものではなく、多くの進化人類学者や心理学者らが指摘している点でもあります。

それでは明石市の子ども政策の本質はどこにあるのでしょうか。それは、コミュニティ財（関係価値性）の供給を通じた「人と人のつながり」をつくるということにあります。人口増加政策でも福祉政策でもないとすれば、明石市の子ども政策の目的は「人と人のつながり」をつくるという点にしか見出せないからです。

以下では、子育て支援として有名になった明石市の諸施策について、「人と人のつながり」をつくるというコミュニティ財の視座から捉え直します。そして、このような子ども政策のために明石市が進めてきた財政改革について論じていきます。

第3章でも述べたように、「人と人のつながり」の創出をめざすコミュニティ財は、自治体財政の全体的な変化として可視的に捉えることはほとんどできません。しかし、明石市の場合にはコミュニティ財としての子育て支援策を大胆に展開したために、それが財政全体の変化となってあらわれてきました。その意味では、明石市の子ども政策の事例は貴重なものであるといえます。

ただし、そのような財政の変化の中でも、「人と人のつながり」のための部分はどれだけなのかという点を正確に示すことは困難です。大切なことは、明石市では各種の子育て支援策を「人と人のつながり」をつくるという目的へ向けて実践していったことにあります。明石市の子ども政策がどのような社会経済的な変化につながったのかという点についてもみていきますが、それはあくまでも同市の子ども政策による副次的な結果にすぎないものであって、ポイントはあくまでも「人と人のつながり」に置かなければなりません[1]。

2　明石市の子ども政策

明石市は２０１１年の泉房穂市長の就任以来、「すべてのこどもたちを対象とし、まちのみんなで（行政だけでなく地域、住民を含めた）本気で応援すれば（予算の範囲内ではなく）、まちのみんなが幸せになる」（傍点は筆者）という方針を掲げてきました。このようなスローガンはどこの自治体でも打ち出すものですが、重要なのは「すべてのこどもたち」を対象にする施策を実際に行うかどうかという点にあります。逆にいえば、例えば貧困家庭の子どもたちだけを対象にするような選別的な政策は行っていかないという点にポイントがあります。

明石市は「人と人のつながり」をつくるコミュニティ財としての子ども支援策を「コモンズ」（公共・公的施設）と「普遍的な公共サービス」の両方で積極的に実践してきました。もちろん他方では、所得制限を設けた非コミュニティ財についても行われてきています。特定の公共サービスについては福祉政策としての機能が重視されるのは当然であり、すべての公共サービス等を無差別平等に実施するということはありえないからです。

図表6は、近年における明石市の子ども政策の主な施策について、２０２０年度決算時点での財政状況などを示したものです。自治体の各施策の独自性は事業費総額よりも一般財源の充当額にあらわれるといえるため、この表では施策のうち一般財源額の大きいものから順に並べています。

図表6　明石市の子ども政策の状況（2020年度決算）

	事業	開始年度	一般財源額（単位：千円）	事業費総額（単位：千円）
コミュニティ財	こども医療費（中学生以下）の無料化	2013	950,038	1,185,652
	児童相談所の運営・充実化	2019	801,432	1,230,477
	第2子以降保育料の完全無料化	2016	479,592	495,569
	中学校給食の無料化	2020	294,732	294,732
	妊婦健康診査助成	2019	262,484	262,484
	私立保育所等保育士の処遇改善	2016	209,126	263,767
	保育所等副食費の無料化	2019	184,517	184,517
	幼稚園給食の実施・副食費無料化	2020	148,384	148,384
	あかしこども広場の管理運営	2017	116,082	137,238
	小中学校少人数学級の実施	2016	100,000	100,000
	おむつ定期便	2020	51,402	51,402
	ブックスタート・ブックセカンド	2016	13,760	13,760
	新生児聴覚検査費用助成	2020	12,035	12,035
	里親100%プロジェクト	2017	9,104	9,104
	こども食堂の全小学校区への設置	2018	4,135	4,135
	産前産後ケア	2020	2,729	8,186
	こども健康センターの運営	2017	2,108	2,108
	妊婦全数面談にかかわる助成	2017	1,856	5,568
	こども養育費立替支援	2020	656	656
非コミュニティ財	こども夢応援プロジェクト	2020	3,510	34,510
合　計			3,647,682	4,444,284

出所：森裕之・藤井えりの（2023年）「自治体財政とコミュニティの創生」『政策科学』31巻1号、26頁の表3を一部修正。

まず、「人と人のつながり」を基準としたコミュニティ財と非コミュニティ財についてみれば、子ども政策における施策のほとんどがコミュニティ財に分類できることがわかります。これらの施策の中には「こども養育費立替支援」など対象が限られているものもありますが、それらはこれらの施策がそもそも必要のない世帯は元より支援の対象外となるため、その中における普遍的な公共サービス＝コミュニティ財として分類しています。これは、第2子以降の子どもを持つ世帯を対象にした「第2子以降保育料の完全無料化」なども同様です。

明石市が中核市になってから設置した児童相談所を除けば、コミュニティ財の中で一般財源の充当額が多いのは、「普遍的な公共サービス」として実施されている無料化政策であることがわかります。これらの一般財源額をみれば、こども医療費（中学生以下）の無料化は9・5億円、第2子以降保育料の完全無料化は4・8億円、中学校給食の無料化は2・9億円などとなり、これらの経常経費分だけで17億円以上の一般財源が必要となります。例えば、2020年度の明石市の標準税収入額は約480億円であり、この4分の1が独自施策に充当できる留保財源だと考えると、約120億円がそれに該当することになります。[2] この留保財源の大きさと比べても、無料化政策が明石市財政に与える負担の大きさがわかると思います。また、0歳児を対象として無料で提供される「おむつ定期便」はコープこうべと連携し、見守り支援員が直接手渡しするという方法で実施されています。これは単に給付としてのおむつの提供ではなく、孤立状態に陥りがちな新生児を育てる親とそれ以外の者との「人と人のつながり」を強化することが意図されています。

コミュニティ財のうちコモンズについていえば、無料で利用できる大型遊具やこども図書室などを備えた広いスペース（あかしこども広場）や、財政支援を通じて全小学校区に配備してきたこども食堂（明石版こども食堂）が典型的なものとなっています。

あかしこども広場は、２０１７年1月にＪＲ明石駅前の正面に位置する再開発ビル（パピオスあかし）の5階と6階に整備されました。明石市の子どものための公共空間として、市の中心にこどもの遊び場を設置すると同時に、誰もが無料で利用できるようにすることで、子育て世帯同士の交流促進を進めることが目的とされました。これだけでも子ども・子育て世帯を対象とした「人と人のつながり」をつくる施策になりますが、さらに同じ建物内の4階には「あかし市民図書館」、5階に「あかし子育て支援センター」、6階に「あかし総合窓口」と「こども健康センター」を整備することで、子育て世代内および年齢・家族形態の異なった住民らの交流やコミュニケーションを視野においた取組みが行われています。あかし市民図書館の中には児童コーナーもありますが、それだけでなく保育士による保護者向けの子どもの預かりや子どもへの読み聞かせの時間の設置など、ソフト面においても子ども施策としての特徴があります。ちなみに、パピオスあかしの1階から3階には市民が日常的に利用する飲食・物販関係の約50店舗の商業施設が入っています。これも、パピオスあかしを利用する住民をはじめとするさまざまな人々の交流に寄与するものだといえます。

明石市における「コモンズ」の中でも最も注目すべきなのがこども食堂です。こども食堂は日本の各地域に広がっていますが、それらは基本的には市民の自生的な取組みによって実施されています。それに対して明石市のあかしこども食堂は、行政によるコミュニティに対する働きかけと支援によって、全28小学校区に1か所以上のこども食堂を行政主導で設置してきたという点に特徴があります。２０２３年度末時点で全小学校に合計で54か所のこども食堂がつくられています。こども食堂の具体的な取組み内容については後に詳述しますが、子どもたちに対する食事の提供は無料で行われています。

これら2つのコモンズの事例は、いずれも無料であることがポイントになっています。無料であることによって、所得に関わる住民間の障壁をなくし、人と人とが交流しやすいように制度がつくられていることがわかります。

つまり、明石市においては、所得制限のない無料化施策を中心とした「普遍的な公共サービス」、そして、「あかし子ども広場」「こども食堂の全小学校区への設置」といった「人と人のつながり」を強くする「コモンズ」とが総合的に供給されることで、住民同士の感情的な対立を生みにくい運営がなされています。近年、全国的に子ども医療費等の無料化を実施する自治体が多くみられますが、それらは単純な福祉や人口の社会増を狙った自治体間競争としての側面が強いものです。一方、明石市においては全国的な無料化施策とは政策的な位置づけが異なるために、それらが「コモンズ」の供給と相互に影響しあうことでコミュニティ財としての機能を発揮しているといえるのです。

このように、明石市においてはコミュニティ財の供給を中心として各種の子ども施策が展開されていますが、非課税世帯などの子どもたちを対象とした奨学金制度である「こども夢応援プロジェクト」も行われています。このような「選別的な公共サービス」は人々の間に嫉妬心や差別意識を生み出しやすいものですが、明石市ではこのような性格の公共サービスは「普遍的なサービス」から漏れ落ちる部分に対して補完的に用いられていると解釈できます。

3　明石市の財政の変化

1　歳出

明石市がこれだけの規模で子ども政策を展開すれば、その変化は財政にもあらわれてきます。それは歳出の変化において直接的に反映されます。

図表7は、2006~2019年度までの明石市の目的別歳出の変化をあらわしています。土木費や総務費における建設事業の一時的な増減を無視すれば、この間の歳出の構造的変化として民生費とくに児童福祉費が急激に大きくなってきたことがわかります。たしかに、全国の市町村の児童福祉費も民生費の中では最も伸びてきており、民生費に占める児童福祉費の割合は2006年度の34・0%から2019年度には39・4%まで5%以上大きくなっています。しかし、明石市の場合には同じ期間に児童福祉費の割合は29・1%から45・1%にまで16%も増えているのです。近年における明石市の児童福祉費の増加は劇的なものであったことがわかります。

このような子ども政策を中心に据えた財政の変化は、明石市の組織変更や職員配置転換を大きく

図表7　明石市の目的別歳出の変化

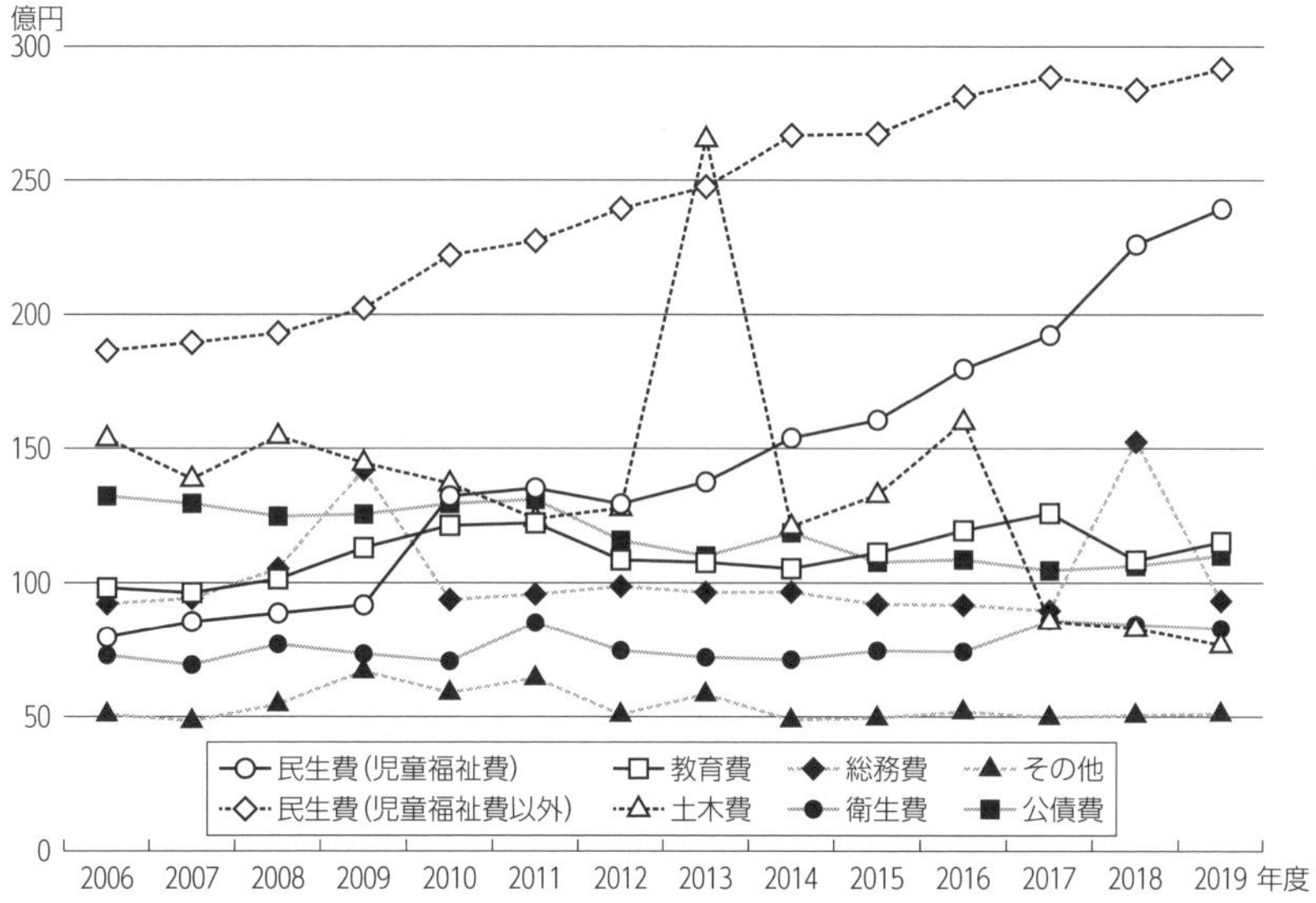

出所：総務省「地方財政状況調査表」2006～2019 年度版より作成。

ともなうものでした。具体的には、2020年度のこども部門（「こども局」）の職員数は133人と、2011年度に比べて3倍を超える水準となっています[3]。

歳出の変化をさらに明確に示すものが次の**図表8**です。これは人口一人当たりの目的別歳出額を明石市と中核市平均を比べてみたものです。人口規模の小さい明石市は一人当たりの歳出額の合計が中核市平均に比べて少ない中で、児童福祉費だけが中核市平均を大きく上回っていることがわかります。その金額は中核市平均の1・2倍以上であり、明石市の財政運営がいかに子ども政策に重点をおいたものになっているかが明らかです。

図表8　人口一人当たり目的別歳出額（2019年度）

	明石市(A)(円)	中核市平均(B)(円)	(A)/(B)
民生費(児童福祉費)	78,743	64,721	1.22
民生費(児童福祉費以外)	95,936	103,890	0.92
衛生費	27,247	34,955	0.78
土木費	25,259	43,632	0.58
総務費	30,387	38,059	0.80
教育費	37,889	44,627	0.85
公債費	36,237	37,412	0.97
その他	17,106	34,125	0.50
歳出合計	348,803	401,421	0.87

出所：総務省「地方財政状況調査表」「類似団体指数表」2019年度版より作成。

2　財源の確保―財政削減と歳入増

地方自治体は原則として赤字地方債の発行が認められていません。そのため、子ども政策のためにこれだけの財政支出を行うためには、そのための財源を確保しなければなりません。そのための方策は主に、①行政改革による歳出削減、②歳入の増加、という2つの手段によることになります。次に、これらについてみていきましょう。

行政改革については、2014年度から2023年度までの計画期間を設定した「明石市財政健全化計画」に基づいて、歳出削減等が進められていきました。この計画のうち、主な歳出削減について示したのが**図表9**です。この中で職員数の見直しの効果額は不明となっていますが、2010年度から2020年度にかけて137人の減少がありました。かりに職員の平均年収を600万円として計算すれば、その効果額は約8億円ということになります。これを考慮すれば、明石市の歳出削減は主に

図表9 「明石市財政健全化計画」に基づく主な歳出削減の取組み

主要な取組み		効果額（単位：千万円）（2020年度と取組開始年度との年度当たり額の比較）
人件費の削減	職員数の見直し	※
	地域手当の引き下げ（2012年度～）	53.6
	持ち家手当の削減（2011年度～）	12.6
	特殊勤務手当の見直し（2013年度～）	5.9
事務経費の削減	施設包括管理業務委託（2017年度～）	4.8
	一部施設の利用停止（2020年度～）	5.0
	電力（高圧）の一括調達（2017年度～）	17.0
	ガスの一括調達（2018年度～）	2.4
	事務事業の見直し（2013年度～）	18.4

注：職員数は2010年度から2020年度にかけて137人減少している。また、事務事業の見直しについては2017年度時点の削減額を効果額としている。
出所：明石市資料より作成。

人件費を通じて進められたといえます。事務経費の削減で大きかった事務事業の見直しについては、市民・市議会との意見交換や明石市財政健全化推進市民会議での議論を踏まえて、自治体としての裁量がある242事業（ソフト事業）に対して必要性や金額の妥当性等の検証が行われました。例えば、市が自治会を通じて行っていた敬老月間推進事業は、自治会による自主的な取組みに重点をおくことで事業費が削減されています。また、業務委託をはじめとする公共調達の工夫によって事務経費の削減が進められてきました。

また、先の**図表7**の目的別歳出の変化にもあらわれていたように、この間に傾向的には土木費も抑えてきたことがわかります。ただし、土木費のような投資的経費はその財源を地方債や補助金で多くを賄うため、その抑制を通じた市の一般財源の削減効果は限定的です。しかし、投資的経費が増えれば、そ

図表 10　明石市の地方税と人口の推移

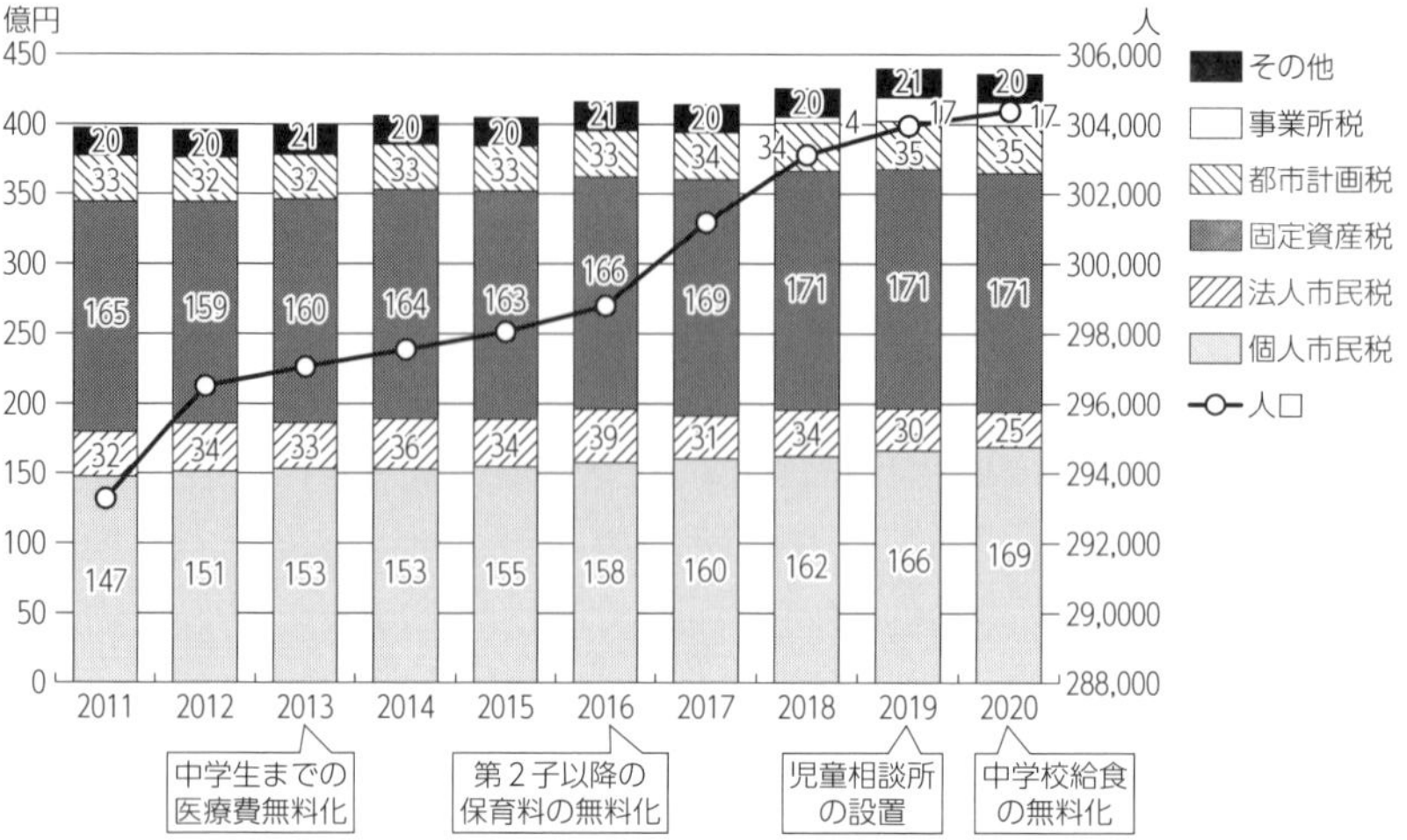

注：明石市では、2018 年 7 月より人口 30 万人以上の都市等で事業を行う法人等に対して課税される事業所税の課税を開始している。

出所：明石市「決算カード」各年度版より作成。

の分だけ将来の公債費や維持管理費のための一般財源の負担は大きくなり、それによって他の経常経費が圧迫されざるをえなくなります。その意味においては、この間の投資的経費の抑制も財源確保に効果があったのは間違いありません。

次に、歳入の増加についてみていきましょう。明石市が早くから実施してきた子ども施策の効果によって若年層の市内への流入が進みます。その結果として、市内人口と関係の深い税が増えていくことになります。

図表10は、近年の明石市の地方税と人口の推移をあらわしています。この間に最も増加した税収は個人市民税であり、２０１１年度から２０２０年度にかけて約22億円増えています。同期間における固定資産税と都市計画税を合わせても約8億円しか伸びていません

ので、個人市民税の増加がいかに大きかったかがわかります。この個人市民税の増加が人口増と相関性があることもみてとれます。実際に、明石市でこの間に増えた人口は20代から30代の若年層＝子育て世代が中心であり、彼らの稼得所得が明石市の個人市民税の増加へとつながってきたのです。なお、明石市では２０１２年から人口の社会増が始まり、２０１５年から２０２０年の人口増加率（国勢調査人口）では明石市は中核市62団体の中で1位になっています。それだけこの間の明石市の人口増加が顕著だったことがわかります。これによって明石市の人口が30万人以上となり、事業所税の課税が可能となりました。**図表10**をみればわかるように、この事業所税は年間17億円にも上っています。こうした主要な税の増加によって、２０２０年度の市税総額は２０１１年度と比較して約40億円増加しています。

人口の増加は自治体の基準財政需要額を大きくすることにつながります。基準財政需要額と自治体の標準税収入額等との差は地方交付税（普通交付税）として国から交付される仕組みになっていることから、基準財政需要額が大きくなればその分だけ自治体の一般財源（地方税＋地方交付税等）が増加することになります。明石市財務室の資料によれば、２０１６年度から２０２０年度にかけての普通交付税は年度当たり2・5億円程度増加していることから、この間の基準財政需要額の伸びも明石市の一般財源の増加につながっていることがわかります。

ちなみに、筆者が明石市財務室の財政担当者にヒアリングしたところによれば、この間に手厚い子ども政策が実施できてきたのは、一般財源とくに税収の増加によるところが非常に大きかったということでした。逆にいえば、財政削減等による財源確保が果たした役割はそこまで大きくなかったということになります。

4　コミュニティ拠点としてのこども食堂

自治体の公共政策において、通常の公共サービスや公共事業の成果は事業規模に一定程度は相関するものです。例えば、保育サービスがどれだけ住民の役に立っているかは、保育所や保育士の数の大きさによるところが少なくありません。道路建設についても、事業規模の大きさでどれだけの整備がされるかが決まってきます。細かいことをいえば、いくら財政を投入しても利用者が少なければ効果は小さいという議論はありますが、普通は事業費の大きさとその効果には一定の相関性があるとみることができます。

ところが、「人と人のつながり」をつくる施策の場合には、このような事業規模と効果の関係がかなり薄くなります。ふとした出会いから仲間としての付き合いが始まっていったという経験は誰にでもあるでしょう。また、人と人が出会ったからといって、それが仲間関係に発展していくとはかぎりません。行政にできるのはそのための条件を整えることだけであり、それがどのような「人と人のつながり」をつくっていくのかは住民同士のコミュニケーションにかかっています。しかも、そのための条件は事業規模が大きいほど充実しているということにもなりません。

明石市で実施されてきたさまざまな子ども施策の中でも、「人と人のつながり」をつくるという点で重要な役割を果たしてきたのが「明石版こども食堂」です。明石市のこども食堂の事業規模は総額で1000万円程度と小さいものですが、それらは地域におけるコモンズとして機能してきました。以下では、「人と人のつながり」をつくるための典型的なコミュニティ財として明石版こども食堂（子どもの居場所づくり事業）についてみていくことにします。

一般に、こども食堂は経済的困窮を抱える子どもとその家庭への対応に主眼がおかれてきました。それに対して、明石市では2016年度から「すべてのこどもたち」を対象とし、貧困対策としてではなく「遊び・学び」「地域との交流の場」「気づきの地域拠点」という3つの役割をもつ明石版こども食堂を全小学校区に配置する取組みを進めてきました。自治体が各小学校区にある自治会やまちづくり協議会に対して、明石版こども食堂の目的を説明し協力を要請していくことになります。そして2018年度には目標としてきた全小学校区（28小学校区38か所）へのこども食堂の設置が実現します。その後もこども食堂の数は増えていき、2023年度末時点で54か所にも上っています。

明石版こども食堂の最大の特徴は、自治体が主導しているという点にあります。こども食堂はボランティアやNPOなどによって自発的に開始され、それに自治体が補助金を通じて支援するというのが一般的です。これに対して明石市の場合には、自治体が大規模な機構改革を行いながらコミュニティ拠点としてのこども食堂の制度設計を主導的に実施してきている点が際立っています。自治体主導でこども食堂を展開するには、①市域に偏りなくこども食堂を配置し、開催日の相互調整などが行いやすい、②地域住民の協力が得られやすい、というメリットがあります。

明石市は地域における子ども支援活動を充実させることを目的に、2018年に全額出捐《しゅつえん》し、人材育成、ネットワークづくり、地域活動支援を包括的に行う組織として一般社団法人あかしこども財団（こども財団）を設立します。その理由は、こども財団が自治体からの委託事業としてこども食堂への支援を実施することによって、各地域の状況に応じた柔軟な取組みが進められるという点にありました。これは社会福祉協議会などにも当てはまるもので、自治体が直接すべてを管轄することは運営における非効率や硬直さをともなうことが少なくないことから、このような外郭団体を事業展開のためのキー・パートナーとして位置づけることが重要となります。

こども財団を通じた助成金にも、明石版こども食堂の特徴があらわれています。それは、助成金の交付要件に「地域との交流の場」としての役割が大きく位置づけられており、こども食堂の運営への市民の関わりや食事提供以外のさまざまなプログラムの実施、さらには地域への適切な周知活動の実践などが含まれています。この要件がすべて満たされれば、通常の助成金以外に備品購入費用の提供も行われています。ちなみに主な助成金の内容は、こども食堂での食事提供一回あたり2万円（飲食業の団体・個人による運営については1万円）、備品購入費用は一年に5万円（同上の場合は2万円）となっています。食事提供以外のプログラムとして行われているのは、季節毎の行事、食育、郷土教育、清掃活動などさまざまです。

このような自治体からの助成金や補助金のあり方についても触れておきたいと思います。自治体が民間団体に助成金等を支給する場合には、コンプライアンスの観点からかなり厳格な書類作成や証票提出が求められることが一般的です。公金の不正な使用は大きな社会問題として取り上げられることから、自治体としても厳格さを重視した運用を余儀なくされてきた経緯があります。

しかし、それが行き過ぎれば、民間団体の活動を押さえつけてしまうことにつながります。これらの事務作業に時間とエネルギーが削がれてしまい、本来の活動を行うための余力が少なくなっていくからです。これは自治体による助成金等の支給にともなうマイナス面であり、自治体の中にはその点を踏まえて、こども食堂などに対する助成金等を支給しなかったり、非常に限定的なかたちでの支給にとどめていたりするところもあります。

自治体の行財政運営においては、このような公金の支給にともなうマイナス面を念頭において、実際の制度設計を行っていく必要があります。

5　子ども政策と「人と人のつながり」

これまでみてきたように、明石市は子ども政策に大きくシフトした行財政運営を進めてきました。それが短期的には子ども・子育て世帯以外の住民との間で政策的格差が起こるのはたしかです。それは住民全体でみれば「人と人のつながり」をかえって阻害してしまうことにもなりかねません。その反面では、明石版こども食堂の運営にみられるような地域住民や地元事業者と子ども・子育て世帯とのつながりが新たにつくられていくという側面もあります。

明石市の場合には、子ども政策によって子育て世帯の転入人口が増えたことで、人口全体が増加していきました。それによって中心市街地では来訪者が増え、商店街区域の歩行者や自転車の交通量も増加しました。これらが子ども政策とは無関係だった地元事業者の経済活動にもプラスの影響を与えてきたのは間違いありません。実際にも、明石市では近年の新規出店者数が増加しています。また、街に活気が戻ることで高齢者にとっても住み心地の良さがプラスされているといえます。敢えて寂しい街で暮らしたいと願う高齢者は少ないと推察されるからです。

このように考えてくれれば、明石市の子ども政策は結果として市民全体に受け入れられたと評価できます。ここで「結果として」という点を強調したのは、明石市の場合には大規模な子ども政策が若年世帯の転入人口の増加に結びついたからです。京阪神に位置して交通の便もよい明石市では、大規模な子ども政策を先駆的に実践したことで市内人口の増加が実現していきました。この若年層の流入による人口増加がなければ、子ども政策以外の他の公共政策に振り向けるための税収および一般財源の確保はできず、それらの政策は大きく抑制されることになったはずです。つまり、大規模な子ども政策は一歩間違えれば、住民の中に子育て世帯とそれ以外の世帯・事業者との間の対立を生み出してしまうのです。自治体が総花的な政策の実施をやめて、重点を絞った公共政策を推し進めようとすれば、このような住民同士の対立はどうしても起こりやすくなってしまいます。明石市では、そのような対立をできるだけ引き起こさないための説明や取組みにも注意が向けられてきました。

明石市の子ども政策の教訓は、それぞれの施策における「人と人のつながり」、そしてこども食堂のように地域での「人と人のつながり」をできるかぎり大きくしていくような取組みを推し進めていったという点にあります。子ども政策は人口増加のための手段ではなく、それを切口にした市内全体での「人と人のつながり」を強化し、新しい都市の市民文化としてつくりあげていく取組みになったことが最大のポイントだと評価できるのです。

注

1　本章の内容は主に森裕之・藤井えりの（２０２３年）「自治体財政とコミュニティの創生」『政策科学』31巻1号に基づいています。その中の図表の転載等を認めてくださった藤井氏に感謝いたします。
2　標準税収入額は、地方税法で定められた法定普通税を標準税率で徴収した金額にほぼ該当します。
3　明石市総務局財務室提供資料。

第5章

生活困窮者支援と「人と人のつながり」
―釧路市のパーソナル・サポート・サービス―

1　生活保護行政と自立支援

近年の福祉政策の転換は、生活保護行政において端的にあらわれています。本章で取り上げる釧路市では、この流れの中で制度化されてきた自立支援プログラムをいち早く取り入れ、地域に適ったかたちでの実践を進めてきています。

釧路市の取組みは「釧路モデル」として、社会政策の研究者の中では大変有名です。本章ではそれらの成果にも依拠しつつ、生活保護のような公的扶助における「人と人のつながり」の意義に焦点を当てていきます。そこには単に公的扶助にとどまらず、公共サービス全般において「人と人のつながり」を追求する行財政の転換が起こっていることの意義が見出せます。

2000年を境に日本の福祉政策のあり方について本格的な検討が国レベルで始まっていきまし

た。その中で位置づけられた生活保護受給者を対象とした自立支援プログラムは２００５年度より導入されていき、翌年度から本格実施の段階に入っていきます。これに関する議論をリードしたのは社会保障審議会福祉部会の中の「生活保護制度の在り方に関する専門委員会」でした。この委員会は２００３年に発足し、２００４年に最終報告書である『生活保護制度の在り方に関する専門委員会報告書』を取りまとめます。

同報告書では今後の生活保護制度の見直しの視点として、最低生活保障を行うだけでなく、生活困窮者の自立・就労を支援する観点が重要であるとし、地域社会への参加や労働市場への再挑戦を可能とする仕組みへと発展させることを求めました。これは具体的には、従来のような「就労自立」（就労による経済的自立）のみならず、「日常生活自立」（日常生活上の自立）および「社会生活自立」（社会生活における自立）という3つの自立のあり方を提起するものでした。そのために、この報告書が提言したものが「自立支援プログラムの導入」でした。地方自治体が日常生活自立と社会生活自立を支援する目的として「被保護世帯が地域社会の一員として自立した生活を営むことができるようにするため」という理念を掲げることが内容に盛り込まれました。２００５年にはこの内容が踏襲された厚生労働省社会・援護局長通知「平成17年度における自立支援プログラムの基本方針について」が各都道府県知事・各指定都市市長・各中核市市長宛てに発せられます。

このような国での議論と並行して、もともと生活保護率が高かった釧路市に対して、厚生労働省から被保護母子世帯を対象とした自立支援モデル事業を実施することへの打診が行われます。釧路市ではこれを受け入れ、２００４年度から自立支援モデル事業を開始することになりました。[1]

ところで、釧路市のモデル事業において被保護母子世帯が取り上げられたのには、同市の生活保護の特徴が関わっています。釧路市は景気後退や地域経済悪化によって生活保護率が１９９０年代末から増加の一途をたどり、２００５年4月時点での保護率は41・２‰（約４７９１世帯）となっていました。これは北海道内でも際だって高い水準であり、その中でもとくに大きな特徴だったのは全被保護世帯に占める母子世帯の割合が非常に高い点にありました。その原因には、釧路市における高い離婚率（全国の1・4倍程度）がありました。２００５年4月時点の釧路市の生活保護受給母子世帯は８２０世帯、保護世帯全体に占める割合は17・１％になっており、これは同じ時点の全国の母子世帯の全被保護世帯の割合の2倍近いものでした。[2]

このような背景の中で、釧路市は国の自立支援プログラムへ向けたモデル事業を２００４年度から２００５年度にかけて受け入れていくことになります。

2　自立支援のためのモデル事業

自立支援プログラムはそれまでの生活保護行政の大きな転換となるものだったため、モデル事業を受け入れた釧路市においても事業内容をめぐってさまざまな議論が行われていきます。当初の事業案は、従来型の生活保護行政の特徴であった市役所内の取組みおよびケースワーカーによる支援者側主導という枠組みに留まるものでした。しかし、市役所での議論の中から「自尊感情の醸成」や「エンパワメント」といった言葉が出されるようになり、そこからモデル事業の最終方針として自己肯定感や達成感を醸成すること、そして、地域資源（特に対人）と接する機会を増やすという新たな枠組みを打ち出すことになります。[3] ここで特徴的なことは、「対人」を地域資源として位置づけた点にあります。

釧路市の自立支援モデル事業において、その後の自立支援プログラムの発展にとって重要な意味を持ったのは「高齢者ご機嫌伺い（介護ヘルパー同行体験）」でした。これは生活保護母子世帯の母親に呼びかけて、自立支援モデル事業を現場として受託している介護事務所3か所に彼女らを同行させるというものです。

このモデル事業に参加した生活保護母子世帯の母親は4割が中卒の学歴（高校中退を含む）であり、その割合は一般母子世帯よりも1割以上高いものでした。彼女らは社会からほぼ完全に孤立しており、その影響は子どもたちにも及んでいる状況がありました。そこで、釧路市は母親らに介護ヘルパーに同行してみないかという声かけを行い、その結果26人が参加することになります。この26人は全員が中卒であり、その6割が引きこもり状態にありました。

このモデル事業の成果は驚くべきものでした。参加した26人のうち、なんと16人が介護ヘルパーの資格をとり、その後12人が介護現場で働くことになったのです。しかも、介護現場に就かなかった残りの4人も別の仕事に就くことになりました。

なぜこのような成果が得られたのでしょうか。それはまさに「人と人のつながり」の機会があったことにほかなりません。モデル事業を主導した櫛部武俊は、この取組みの中で最も衝撃的だったのは参加した母親の次の言葉だったといいます。「利用者さんに来てくれてありがとう、愉しかったと言われた。私は今まで褒められたことが無い」[4]。その言葉に、彼は自分がケースワーカーとして母親らに尋ねてきたのは、子どものことや病院のことなどの「記録に書けそうな点検」の項目だけであり、彼女らを褒めることがなかったことへの反省が込み上げたといいます。

私もこれとまったく同じ話を聞いたことがあります。それは学生たちと介護事務所で現場のお話をうかがった際のことでした。その介護事務所では少年院など矯正施設の子どもたちを彼らの社会復帰のために短期間受け入れていました。その介護事務所の所長の方が矯正施設の担当官から聞いたのは、介護現場で手伝いをした少年が「俺、あそこのおばあちゃんに『ありがとう』って言われた。こんなこと今までなかった」と目を輝かしながら報告してくれたという出来事だったそうです。

これらの事例は、社会的に孤立している人たちの中には、本来の意味での「人と人のつながり」が欠けており、そのために自尊感情が持てないでいる人たちが多いことを示しています。私たちが自尊心を持つことができるのは、他者との関わりにおいてであるといっても過言ではありません。中には自分が追求する道を一人で達成することで自尊感情を持つ人もいるかもしれませんが、そういったケースは非常に稀であるといってよいでしょう。私たちの大部分は「人と人のつながり」の中で、誰かのために役立っている、自分には存在価値があるといった自尊心を抱くことができるものです。

釧路市の自立支援モデル事業の最大の教訓となったのは、この「人と人のつながり」を通じた「かけがえのない私」を獲得することにほかなりませんでした。これがその後の釧路市の自立支援プログラムへと発展していきます。

3 釧路市の自立支援プログラム

モデル事業の実施をへて、釧路市は２００６年度から自立支援プログラムを開始します。自立支援プログラムは自立の３つの柱（経済的自立、社会生活自立、日常生活自立）から成るものですが、このうち釧路市が最も重視したのは社会生活自立でした。それは先にみた生活保護母子世帯向けに実施したモデル事業の教訓に基づくものです。

釧路市が掲げた３つの自立の柱の概況を示したのが**図表11**です。これは釧路市が作成した「釧路市生活保護自立支援プログラム全体概況図」（通称「釧路の三角形」）を単純化したものです。

従来までの生活保護行政においては、**図表11**の一番上に位置する就労自立（一般就労）のみを自立とする考え方をとってきました。これは、通常の労働市場で賃金を得て生計を立てることを最終目標として位置づけたものです。しかし、新しく打ち出された自立支援プログラムでは、これに日常生活自立と社会生活自立という考え方が加わったのはすでにみたとおりです。被保護者の状況に

図表11　釧路市の自立支援プログラムの構図

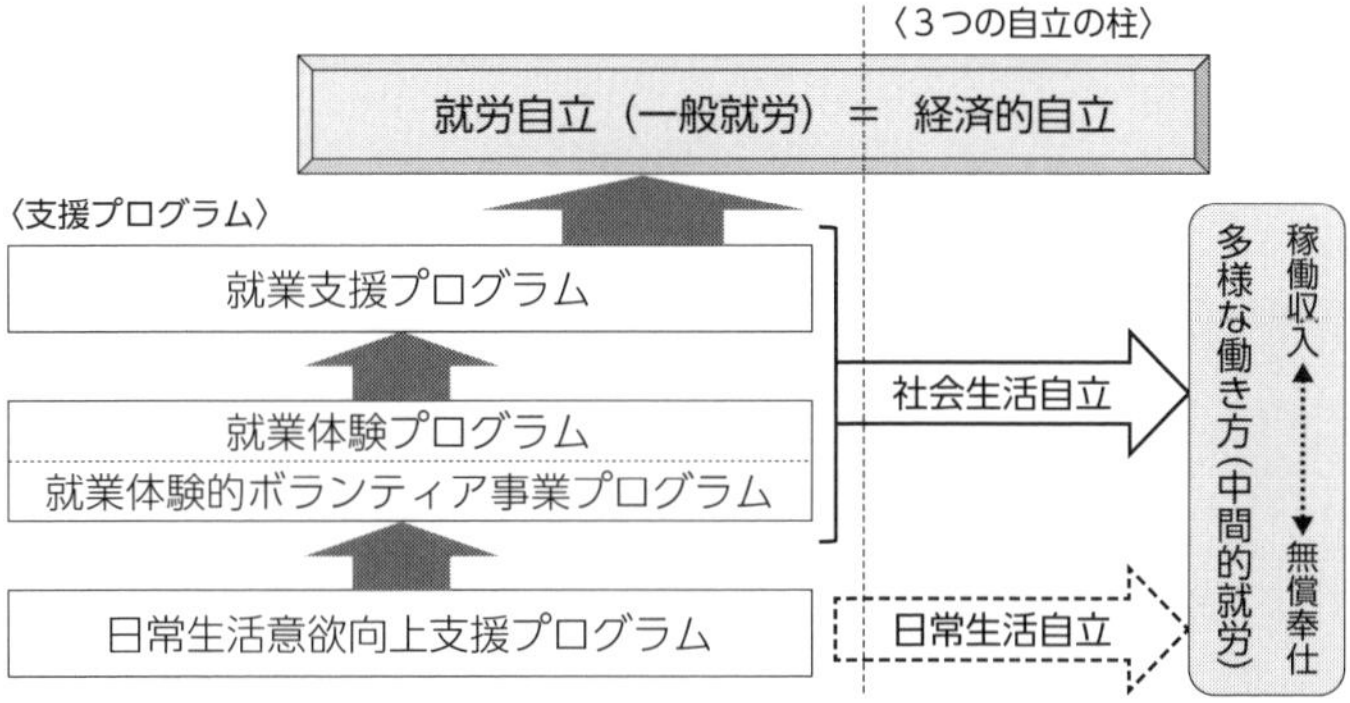

出所：釧路市の「釧路市生活保護自立支援プログラム全体概況図」を筆者が単純化。

よって、これらの自立のいずれの段階から支援プログラムが開始されるべきかは当然ながら異なってきます。

十分な稼働能力があって失業しているだけの被保護者であれば、ハローワークとの連携など一般就労へ向けた支援に直接取りかかることになるでしょう。しかし、自分の日常的なお金の管理や食事などさえままならない場合には、被保護者が普通に日常生活を送れるようにするための支援を行わなければならないのは当然です。その段階を飛び越えて、いきなりの就業体験等は不可能だからです。また、自分の日常的なことはできるけれども、他人とのコミュニケーションがうまくとれない被保護者も多く存在します。この場合には、一人ひとりの状態にあわせてボランティア的なことや就業的な体験をしてもらうことで、社会生活を送っていけるようにする支援が求められることになります。さらに、一般就労のために必要なスキルが不足しているだけなどの場合には、そのための支援ないしインターンシップのような取組みが必要とされるでしょう。このような下から上へ向かっていく構図は、最終的に経済的自立を目指すという点ではわかりやすく、そのための各段階においてそれぞれの自立の考え方と支援のメニューが設けられるということになります。

しかし、釧路市の自立支援プログラムの特徴は、あえて一般就労による経済的自立を求めないという点にあります。その代わりに、被保護者に自尊感情を取り戻してもらい、生きるための居場所をつくってもらうために、**図表11**の右側に位置する中間的就労という領域を最大の目標として設定しました。もちろん、釧路市においても一般就労の重要性は十分に認識されてきましたが、被保護者のおかれた現実の状況を前提にした場合には、一般就労という従来からの目標があまりに現実離れしていることがありました。これは、人間が社会において生きていくということの意味を行政に問いかける重大な提起といえるものです。

釧路市の自立支援プログラムにおいて社会的成果を最もあげてきたといえるのが、漁網《ぎょもう》の整網《せいもう》作業です。釧路市にとって漁業はかつての基幹産業であり、その水揚げ量は１９９０年代初頭までは全国一位を占めてきていました。この漁業は釧路市の経済と社会の発展を支えてきた地場産業であり、現在でもその存在は住民にとって地域の誇るべきものとなっています。

この漁業を支える一つの産業が漁網の生産や修理です。漁網関連の産業においても高齢化が進んでおり、とくにその修理を行う製網作業の担い手不足は深刻となってきました。漁網の生産については海外からの輸入等に頼ることができますが、使用した漁網の製網作業を海外の業者に委託することはコストに見合いません。国内においても製網作業の工賃は非常に安いため、労働者が集まらないという問題が続いてきました。しかし、漁業という地場産業に関わるニッチ（隙間市場）を支えるという意味で、漁網製網はきわめて重要な意味を持つ作業です。

2012年から発足した釧路社会的企業創造協議会は、釧路市からの自立支援プログラムの事業委託に基づき、この漁網製網作業を中間的就労の代表的な事業として推進していきます。櫛部武俊によれば、中間的就労はともすれば「やらされ感」を与えてしまうため、これを作業の担い手の「誇り」にすることが重要であったといいます。中間的就労を通じた自尊心の回復こそが自立支援の根幹であり、地場産業を支えるという仕事の誇りが漁網製網作業に組み込まれてきました。もし漁網製網作業が単に収入確保の手段であるとすれば、この作業を中心的に担ってきた生活保護受給者にとってはあまり意味がありません。収入認定を通じて生活保護費が差し引かれるため、工賃として得た金額の一部しか手元に残らなくなるからです。

この漁網製網作業による「誇り」の回復はいくつかの点でうかがえます。例えば、当初は「やらされ感」から製網作業の期限を守ることができなかった人が、地場産業である漁業を支えるための不可欠な仕事を担っているという責任感を高めていくことで納期を間に合わせていくようになりました。それには、期限を守るための製網作業の段取りを自分たちで考えることがともなっていました。さらには、異なった種類の漁網の製網作業をしている人が納期までに間に合わない状況になった場合には、それをみんなで協働して作業に取り組むことも行われるようになりました。もちろんこの場合には、他の漁網の製網を通じた収入は作業を手伝った人たちには入ってきません。それだけではなく、自分が行っている製網作業が遅れることにもつながります。それでも、同じ作業に取り組む仲間を支えることが作業場のカルチャーとなっていきました。

さらに最近では、地域の人がアルバイトとして漁網製網作業に取り組むケースが出てきており、その際には生活保護受給者らが先輩として彼らにノウハウを教えるようになっています。これによって、漁網製網というニッチ事業の継承が少しずつ進むようになりました。

これらの現象は、地域に支えられてきた人が地域を支える立場になり、一方的な受給者ではなく相互扶助の担い手になっていることを意味します。私はこの相互扶助という考え方は、福祉をはじめとするあらゆる行政施策において重要であると考えています。誤解のないように申し添えておきますが、私は一方向の給付や贈与の役割を否定しているのではありません。皮相な捉え方においては、給付や贈与は単なる恩恵を与えているだけに見えます。ところが実際には、人は恩恵を受ければ、度合いの程度はあっても必ず恩義を感じるものです。この恩義自体が恩恵への対価にほかなりません。これは人間の持つ本性をあらわしたものであり、恩義を感じること自体がエネルギーとなってさまざまな活動につながっていくものです。その中に、コミュニティの一員としての活動も当然含まれています。

釧路市では漁網製網作業のほかにも、このような仕事を通じた支援事業が行われています。それは釧路市と合併した旧音別町《おんべつちょう》における蕗《ふき》を活用した「音別ふき蕗団」の取組みです。これは地域の離農農家の人たちが発足させた一般社団法人で、かつて音別の特産品であった蕗を復活させることを目的としています。この取組みに対して、行政、民間企業、社会福祉法人、ＮＰＯ、地元信用金庫などが支援や役割分担を行うようになり、その事務局機能を釧路社会的企業創造協議会が担っています。この取組みの労働力の一翼を支えているのが生活保護受給者、引きこもりの若者、障害者、その他の生活困窮者たちであり、彼らはここでの蕗づくりを通じた中間的就労に従事しています。

この取組みは最初から蕗を活用するという方針でスタートしたのではなく、地域にとっては外部にある支援団体の一人が漢方薬のための薬草の栽培の話をもちかけたことから始まっています。その際に、地域の離農農家から「ここは漢方薬じゃない。蕗なんだ」と一蹴されたといいます。これについて櫛部は、「外から『こうあるべき』を持ち込むことが、生活に根ざした自尊心とのズレを生む」と評しています。[5] この点は、仕事づくりに限らずあらゆる実践にも当てはまるものですが、中間的就労の場をつくっていく上でも地域の人々の自尊心を活かすことが重要であることを示しています。

4 生活困窮者自立支援事業への展開

釧路市の自立支援の取組みは、２０１５年から始まった生活困窮者自立支援制度へと展開していきます。

生活困窮者自立支援制度は何度か修正されてきていますが、現在は包括的な相談支援である「自立相談支援事業」を基礎におき、本人の状況に応じた支援として居住確保支援（住宅確保給付金の支給）、就労支援（就労準備支援事業、認定就労訓練事業［中間的就労］、生活保護受給者等就労自立促進事業）、緊急的な支援（一次生活支援事業）、家計再建支援（家計改善支援事業）、子ども支援（子どもの学習・生活支援事業）、その他が実施されています。

生活困窮者自立支援制度は、大枠でいえば従来からの生活保護行政に含まれるものです。この事業はもともと生活保護にまで至る前段階で生活困窮の状態を改善することで、就労自立へとつなげていくことを目的とするものであり、その基本的な性格は現在でも変わっていません。そのため、釧路市が築いてきた中間的就労そのものを目的とするという考え方はとられていないといえます。ただし、上記の各事業のうち、就労準備支援事業は「就労するための生活習慣が整っていない」「コミュニケーションが苦手である」「自尊感情や自己有用感を喪失している」といった者に対する取組みであり、国もこれらの支援を日常生活自立と社会生活自立として釧路市と同じ呼称をしています。また「認定就労訓練事業」については狭義の「中間的就労」として位置づけており、一般就労へ移行できない者に対してそれへ向けた段階的な実践的訓練を行うものとしています。

このような生活困窮者自立支援制度が生活保護制度と異なるのは、対象者となる生活困窮者が経済的困窮者に限定されていないという点です。例えば、就労する上でのコミュニケーションに困難を抱えている者の家計が貧困であるとは限りません。そのような者は従来の生活保護行政の対象にはなりません。つまり、生活困窮者とは実際に家計がひっ迫している者に限定されていないのです。

図表12　生活困窮者自立支援制度における新しい支援のかたち

①包括的な支援…生活困窮者の課題は多様で複合的である。「制度の狭間」に陥らないよう、広く受け止め、就労の課題、心身の不調、家計の問題、家族問題などの多様な問題に対応する。
②個別的な支援…生活困窮者に対する適切なアセスメントを通じて、個々人の状況に応じた適切な支援を実施する。
③早期的な支援…真に困窮している人ほどSOSを発することが難しい。「待ちの姿勢」ではなく早期に生活困窮者を把握し、課題がより深刻になる前に問題解決を図る。
④継続的な支援…自立を無理に急がせるのではなく、本人の段階に合わせて、切れ目なく継続的に支援を提供する。
⑤分権的・創造的な支援…主役は地域であり、国と自治体、官と民、民と民が協働し、地域の支援体制を創造する。

出所：厚生労働省。

そこに、この事業の包括的な性格があらわれています。この点を含めて、生活困窮者自立支援制度の性格を国自身が整理したものが**図表12**です。

①は、既存の社会保障制度等の枠に収まらない問題までを広く対応しようとするものです。この中には、上記のような経済的な困窮状態にない者も含まれています。②は、行政の一般的特徴である画一的なサービスではなく、個々人に応じたオーダーメイド型の公共サービスへと大きくシフトすることが示されています。③は、これまで行政が基本的スタンスとしてきた当事者による申請主義を超え、訪問型の支援（アウトリーチ）によって積極的に生活困窮者を発見しにいくというものです。④は、一般就労までに至る段階的な対応の重要性を示したものであり、ここでは中間的就労も大きな役割を果たすことになります。⑤は、自治体と民間団体・住民の連携による取組みの意義が示されたもので、「地域」が強調されているところにポイントがあります。

さて、この生活困窮者自立支援制度を「人と人のつなが

図表13　生活困窮者の概念

生活困窮者─┬─経済的困窮者（生活保護に至るリスクの高い者）
　　　　　　└─社会的孤立者（地域社会から孤立している者）

出所：筆者作成。

り」という点から捉え直してみたいと思います。

第一に、「生活困窮者」の定義があります。2015年の生活困窮者自立支援法の成立時においては、生活困窮者とは「現に経済的に困窮し、最低限度の生活を維持することができなくなるおそれのある者」とされていました。これはあくまで当人の現在そして未来の経済的困窮を念頭においた規定です。それが2018年の同法改正によって、生活困窮者とは「就労の状況、心身の状況、地域社会との関係性その他の事情により、現に経済的に困窮し、最低限度の生活を維持することができなくなるおそれのある者」へと修正されました。ここで注目すべきなのは「地域社会との関係性」という文言です。これは厚生労働省自身が説明しているように「地域社会からの孤立」を問題としたものです。生活困窮者自立支援制度はあくまで生活保護行政の枠組みにあることから経済的困窮という点については堅持されていますが、その要素の一つとして「地域社会からの孤立」を組み込んだことは重要な変化です。これによって、生活困窮者の概念は**図表13**のように整理できることになりました。

第二に、生活に困窮している者ほど声を上げる力が弱いことから、申請主義からアウトリーチへの福祉政策の転換を表明していることが重要です。ここにも孤立問題が関わってきます。生活困窮者が友人や近隣住民につながっていれば、彼らがサポートしてくれたり、場合によっては行政につないでくれる可能性もあります。ところが、生活困窮者が孤立状態にあれば、彼らには助けを求める力がほとんど備わっていないといえます。その場合には、アウトリーチという名のお節介を行政等が取り入れなければ、このような生活困窮者は放置されてしまいます。

第三に、このような新しい福祉のあり方において、行政以外の民間等の役割が大きくならざるをえないことです。まず、行政はあくまで公権力であるため、それを社会に対して公使することについては可能なかぎり抑制されなければなりません。事実、行政が私たちの暮らしに介入できるのは、公金回収や児童保護などごく一部の領域に限られています。行政が申請主義をとってきた根本には、この権力体としての性格があるのです。ところが、上述のアウトリーチはその性格を一歩抜け出すことを意味しています。しかし、それは権力体としての行政が直接関わるべきではないため、事業やサービスの実施については民間等への委託が重視されます。また、中間的就労においては企業やNPOなどからの幅広い協力が欠かせません。これらが相まって「地域」を変えていくことについては、釧路市の取組み事例からも重大に受け止められなければなりません。

生活保護行政は画一的な法令にしたがって現金給付を行うことを旨としており、それは生活に必要な生活保護費を支給した後は自分で勝手に生きていってもらうことを意味しています。一人暮らしの被保護者が生活保護費を使って一人で食料を買ってテレビをみて一生を終えていく状況であっても、それは個人の自由であるという判断がなされます。しかし、それは決して住民にとって幸せな姿とはいえないでしょう。この点は公権力としての行政の立場からは当然とはいえ、もし公的福祉が住民の幸福を本当に担うものであるとすれば、これまでの生活保護行政の枠組みでは明らかに限界のあるものでした。

従来の生活保護行政に対して、生活困窮者自立支援制度の対象者は非常に広範にわたっており、その大きな視座として地域における孤立問題があるのは明らかです。孤立が人々の幸福にとって重大な脅威である場合には、単なる現金給付にとどまらずに「人と人のつながり」を積極的につくりだしていく施策が不可欠となります。それを生活困窮者というカテゴリーの中で進め始めたことが、この生活困窮者自立支援事業の最も大きな意義であるといえます。その中には、釧路市をはじめとした諸自治体における実践が大きく影響を与えてきました。

5　生活困窮者自立支援事業等と財政

「人と人のつながり」を支える生活困窮者自立支援制度は、財政的にどれだけのウエイトを示してきたのでしょうか。ここでは生活保護との比較でみておきたいと思います。

生活保護費負担金は国の負担割合が4分の3を占める一方で、生活困窮者自立支援事業費の方は事業によって国費の割合が4分の3、3分の2、2分の1と異なっています。また、生活保護費負担金の中にはその半分を占める医療扶助などがあり、これらを生活困窮者自立支援事業と単純に比較することは適さないという点もあります。さらには、コロナ禍における両事業には通常とは異なる変化もありました。とはいえ、生活困窮者自立支援制度の財政的な位置づけの変化を大まかに捉

図表 14　生活困窮者自立支援事業費の推移（単位：億円）

年　度	2015	2016	2017	2018	2019	2020	2021	2022
生活困窮者自立支援事業費 A	400	400	400	432	438	487	555	594
生活保護費負担金（事業費）B	36,977	36,720	36,611	36,062	35,882	35,258	37,343	37,351
A/B （%）	1.08	1.09	1.09	1.20	1.22	1.38	1.49	1.59

注：生活困窮者自立支援費は当初予算、生活保護費負担金は 2020 年度までは実績、2021 年度は補正後予算、2022 年度は当初予算。
出所：厚生労働省資料より作成。

える上では、生活保護費負担金との対比によってその状況を押さえることができるでしょう。

図表14は生活困窮者自立支援事業費と生活保護費負担金の推移をそれぞれ示したものです。これをみれば、生活困窮者自立支援事業費が当初の400億円から2022年度には594億円まで約1・5倍に増額されています。また、生活保護費負担金に対する生活困窮者自立支援事業費の割合も同時期に1・08％から1・59％にまで大きくなっています。このような生活困窮者自立支援事業の財政ウエイトの上昇傾向は、コロナ禍の前からみられます。広い意味における生活保護行政の枠組みの中でみても、生活困窮者自立支援事業の役割が大きくなっていることが示唆されているといってよいでしょう。

生活保護と同じように、生活困窮者自立支援事業も国による補助事業です。これは国からの補助金に自治体が一般財源を充てることで事業費全体をまかなうものです。この場合に重要なのは、事業が少なくなればなるほど自治体の一般財源の負担も小さくなるという点です。よく生活保護認定の厳しさが問題になることがありますが、それには被保護者が少なくなればそれだけ自治体が一般財源を節約できることが背景にあります。生活困窮者自立支援事業についても同様の仕組みがとられているため、自治体はこの事業に対して消極的になる可能性が財政運営の面からは指摘できます。しかも、生活保護事業とは異なり、生活困窮者自立支援事業では幅広い対象者に対して多種多様な取組みを行うことが可能であるため、行政現場では事業が拡大していく方向へと作用しがちです。このことは、財政抑制と事業拡大という相反する動きが自治体の中に生じることを示唆しています。

このような特徴を持つ生活困窮者自立支援事業に対して、地域社会の中心である住民は財政民主主義の担い手として大きな役割を持っています。誰もが「人と人のつながり」を持つことで幸福な暮らしを送ることができる地域社会をつくるのであれば、生活保護事業等に比べて自治体の裁量が強い生活困窮者自立支援事業に対して、絶えず注視していくことが必要となります。それがなければ、一般財源の節約を重視する自治体は可能なかぎり生活困窮者自立支援の取組みを縮減していくことになるでしょう。国がいくら制度を整備しても、自治体や住民が「人と人のつながり」の重要性を認識し、それを現実の政策に取り込んでいくことがなければ、コミュニティに支えられた幸福な地域社会をつくることはできないわけです。

この点に関連して、最後に生活保護事業費についても一言付け加えておきたいと思います。現在全国において国が２０１３～２０１５年に行った生活保護基準額の引下げに対する訴訟が行われています。いくつかの自治体や生活保護者の支援団体によれば、これらの引下げによって被保護者の家計支出の中で「交際費」の減少が明瞭にあらわれています。この交際費は衣食住に直接関わるものではないため、これまでは家計支出の中でも付加的な部分として扱われてきました。しかし、「人と人のつながり」が私たちの幸福にとって不可欠であることが認識されれば、この交際費の果たしている役割はもっと重視されなければなりません。その意味においては、生活困窮者自立支援制度でみてきた「人と人のつながり」は生活保護制度に対しても改革を迫るものになっているのです。

6 生活困窮者支援とコミュニティづくり

釧路市の生活困窮者支援の取組みは、これまでの生活保護行政のような弱者保護のための取組みにとどまらず、生活困窮者を積極的にコミュニティの中に復帰させることを目指すものでした。そのためには、人間誰もが持っている自尊感情を呼び覚まし、また社会とのつながりを通じてそれを強化していく取組みが必要となります。

釧路市では、その方策として地域にある事業所や地場産業を積極的に活用してきました。その上では、中間的就労という領域が非常に大きな役割を果たすことになりました。生活困窮者が行ってきた仕事は従来のような一般就労とはかけ離れたものですが、それへの従事は一人ひとりが自分の存在価値を再認識し、自尊心を回復するために大きく貢献してきたからです。彼らは仕事を通じて、「人と人のつながり」を取り戻していくことになりました。

釧路市の実践は、単なる現金給付を行うだけのような福祉政策がいかに表面的なものであるかを示唆するものです。福祉が人間の幸福を実現するために機能する上では、「人と人のつながり」が欠かせません。とくに、仕事を通じた福祉の提供は、それに従事する者への敬意を周囲が抱くことにつながることから、生活困窮者が自尊心や存在価値を見出す上できわめて有用であることがわかります。

福祉という「権利」を仕事のような「責務」と一体で捉えるような見方には批判もあります。しかし、共同体主義の思想に基づけば、私たちはコミュニティにおいて何らかの義務的な側面を負っていることになります。私はこの権利の対価としての「責務」は、福祉のような制度にとって不可欠であると考えています。この中には、例えば生活保護給付金を一般的な感覚からかけ離れた用途に使わないという点も含めています。これには個人の自由を侵すものだという批判があるのは当然ですが、しかし、何らかの「責務」の感覚がともなわなければ、福祉制度そのものが人々によって支持されなくなるといえます。

釧路市の生活困窮者支援は、福祉の理念に対する根源的な示唆を与えるものです。

注

1　釧路市の自立支援プログラムに関する内容については、これを当初から現在にいたるまでリードされてきた櫛部武俊氏の論文やインタビューに多く依拠している。
2　全国市長会（2005年）「生活保護率における地域間格差の原因分析のための調査」。
3　櫛部武俊（2018年）「生活保護革命の途上にて」『大原社会問題研究所雑誌』717号。

4　同前、18頁。
5　櫛部武俊（2020年）「釧路市における中間的就労の取り組み」『国際文化研修』108巻、26頁。

第6章

地域福祉と「人と人のつながり」
―大牟田市の地域包括ケアシステムと地域共生社会を中心に―

1　自治体と地域包括ケアシステム

日本の高齢化が過去になかった規模と速度で進んでいることは、いまさら指摘するまでもありません。これによる社会的・経済的影響とそれへの対応は、日本の未来そのものを決めるものです。とくに、その影響が顕著にあらわれるのは社会保障の分野です。

高齢者に焦点が当てられてきた社会保障制度は立て続けに改革されてきました。その中でも従来の制度を大きく転換したのが、２０００年から施行された介護保険制度の創設です。介護保険制度はそれまでの老人福祉制度や老人医療制度による限界がみえてくる中で、高齢者の介護をより広く支える仕組みとして開始されました。

導入後しばらくの介護保険制度においては、介護サービスの種類として大きく居宅サービスと施設サービスの二つを柱としてきました。これに加えて、2006年度からは「地域密着型サービス」が創設されることになりました。これは、要介護者の住み慣れた地域での生活を支えるために、市町村が事業所と連携して行うサービスのことをあらわしています。その後、地域密着型サービスは介護保険制度の枠組みにおいて地域包括ケアシステムを担うものとして展開されていきます。地域包括ケアシステムという用語も2006年度の介護保険法改正を契機に使われはじめました。

介護保険制度の柱は現在でも居宅サービスと施設サービスであることには変わりありません。しかし、「人と人のつながり」という点からみれば、地域密着型サービスや地域包括ケアシステムの方がより重要な意味を持っています。本章でもここに焦点を当てて、高齢者福祉をめぐるコミュニティの課題についてみていくことにします。

地域包括ケアの考え方は突然あらわれたものではなく、介護保険制度に当初から含まれていたものでした。地域包括ケアシステムはそれを具現化したものだといえます。地域包括ケアシステムは、「ニーズに応じた住宅が提供されることを基本とした上で、生活上の安全・安心・健康を確保するため、医療や介護、予防のみならず、福祉サービスを含めた様々な生活支援サービスが日常生活の場（日常生活圏域）で適切に提供できるような地域での体制」と定義されています。これをイメージとして示したのが**図表15**です。この図のポイントは、「住まい」が地域社会の中心にあり、それを支えるためにさまざまなサービスが提供されるところにあります。これによって、高齢者が要介護の状態になったとしても、住み慣れた地域で自分らしい暮らしを送り続けられる仕組みをつくることが、地域包括ケアシステムの目的となっています。

しかし、このような地域包括ケアシステムを実践していこうとすれば、自治体としては大きく二つの課題に直面することになります。

第一に、住まいを中心とした地域での包括ケアの体制をつくるには、それまでの部局縦割りで実施してきた施策を融合させる必要があります。地域包括ケアシステムの場合には、主として保健・福祉担当と住宅担当の二つの部局の実質的な連携が不可欠となります。自治体の部局は国の省庁の縦割りを基本としていることから、これらの担当は厚生労働省と国土交通省がそれぞれの所管する施策を行っています。これらが連携して地域包括ケアシステムという融合的な施策を進めるためには、自治体による意識的な組織運営が欠かせません。

第二に、医療や介護は基本的にそれぞれの専門事業者が担うのに対して、日常的に行われる生活支援等については地域住民や民間事業者らによるさまざまな取組みが欠かせないことです。これらを自治体が直接実施することは、自治体の行財政資源の制約や公権力としての性格から望ましくありません。生活困窮者自立支援事業の場合と同様に、地域包括ケアシステムにおける生活支援等についてもさまざまな民間の力が不可欠であり、それを自治体がどのように取

図表15　地域包括ケアシステムのイメージ

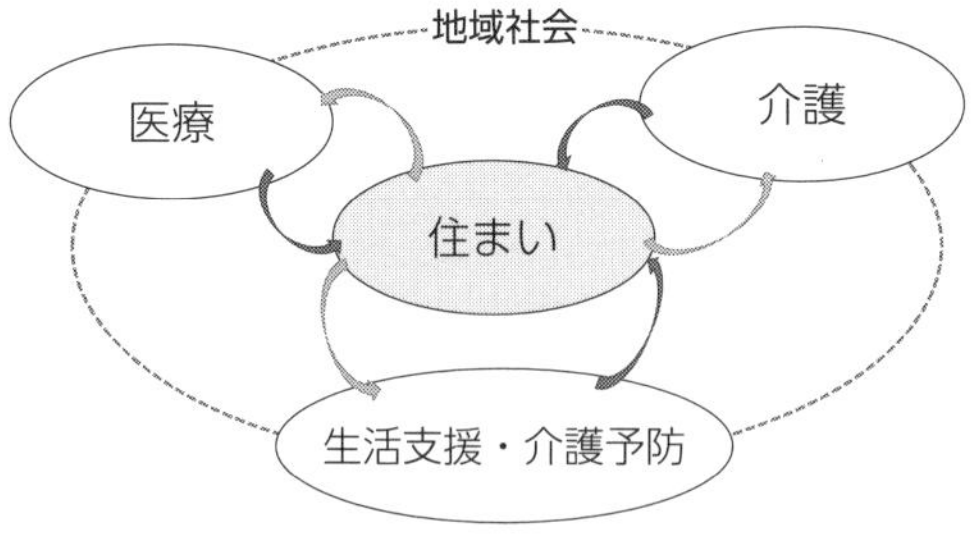

出所：厚生労働省資料より作成。

りまとめていくのかという実践的課題が生じます。

地域包括ケアシステムの理念を地域に適ったかたちで早くから取り組んできたのが、福岡県大牟田市です。大牟田市は上記の二つの課題についても対応しつつ、さまざまな試行錯誤を繰り返しながら独自の地域包括ケアシステムを発展させてきています。

大牟田市は三池炭鉱の所在した都市であり、炭鉱の盛衰とともに人口が大きく変化してきました。２０２４年の人口は約10万６０００人ですが、これは１９６０年の約20万８０００人と比べてほぼ半減しています。また高齢化率も非常に高く、２０２４年時点で38・１％にも上ります。これは全国平均と比べて９％も高いものです。しかも、人口に占める後期高齢者の割合は21・５％であり、住民の５人に１人が75歳以上となっています。世帯構成については、全世帯に占める高齢者世帯の割合が54・０％、そして高齢者単身世帯の割合は27・７％にも上っています。大牟田市は、旧炭鉱地域における人口構成の特徴が典型的にみられる都市といえます。

このような人口変化からも推察されるように、大牟田市は「全国より10年早い」といわれる急速な高齢化と世帯構成の変化を経験してきています。そのため、大牟田市は国が制度をつくる以前から地域包括ケアシステムと関連する独自の取組みを積み重ねてきていました。このことが、現在における大牟田市独自の地域包括ケアシステムの内容と深く関係しています。

国は、地域包括ケアシステムの単位となる日常生活圏域として中学校区を想定しています。それに対して、大牟田市は日常生活圏域を小学校区に設定してきました。２０２４年現在の大牟田市には、８つの中学校区と19の小学校区があります。つまり、大牟田市では国の想定数の2倍以上の地域包括ケアシステムが想定されているのです。

地域包括ケアシステムの構築の中核的な機関として、市町村は地域包括支援センターを設置することになっています。地域包括支援センターは2〜3万人に一か所を目処に設置されることになっているのに対して、人口約10万６０００人の大牟田市ではその割合よりも多い６つの地域包括支援センターが設置されています。これには高齢者単身世帯の多さが反映しています。また、地域包括支援センターと同様に、地域包括ケアシステムを支える重要な柱が地域密着型サービスです。地域密着型サービスは、市町村が地域での高齢者の生活を支える基盤となることが期待されているものです。

さらに大牟田市の都市計画においても、小学校区を単位とした地域包括ケアシステムが位置づけられてきています。人口減少を見据えたコンパクトシティを企図する立地適正化計画は、日常生活圏域で高齢者が住み続けるための地域包括ケアシステムとは原理的に矛盾します。大牟田市も立地適正化計画を策定していますが、その中の基本方針として当初から小学校区を単位とした地域包括ケアシステムの構築と地域包括支援センター等の充実が掲げられてきました。これは都市計画と地域包括ケアシステムを市政全体として融合させていく方針だと解釈できます。

このように、大牟田市では地域包括ケアシステムに対して政策的な重点をおいてきました。これらの外形的な姿に加えて、大牟田市は地域包括ケアシステムの構築へ向けた独自的な取組みを進めてきています。以下では「人と人のつながり」を通じた地域づくりという視点に立って、大牟田市の地域包括ケアシステムの取組みをみていくことにします。

2　大牟田市における地域包括ケアシステムの形成

1　地域認知症ケアコミュニティ推進事業

2000年の介護保険制度が施行される直前に、大牟田市ではその後の地域包括ケアシステムで主要な役割を果たす大牟田市介護サービス事業者協議会が設立されます。ここには大牟田市内にある社会福祉法人や医療法人が所属し、大牟田市役所も事務局機能を担っています。2001年には大牟田市介護サービス事業者協会の専門部会として認知症ケア研究会（後の認知症ライフサポート研究会）が発足し、2002年度から地域認知症ケアコミュニティ推進事業が開始されます。認知症ケア研究会は同年度に「認知症介護に関わる実態調査」を市内全世帯に対して実施し、そこで集められた約2200の声を元にして次の3つの事業を主な柱として開始しました。

第一は、認知症コーディネーター養成研修です。この事業は、大牟田市における認知症支援とまちづくりの牽引役となる人づくり事業です。受講対象は介護事業所や医療機関に勤務する者であり、2年間で約400時間の研修が課されます。2006年度から大牟田市は後に取り上げる小規模多機能型居宅介護の研修や地域包括支援センターへの認知症コーディネーターの配置を義務づけました。2004年度から2023年度までの20年間の修了生は180名に上り、彼らは所属する事業所内での認知症ケアにとどまらない地域活動の担い手ともなっています。

第二は、小中学校の絵本教室です。この取組みは、地域認知症ケアコミュニティ推進事業が理念として掲げた「全ての人が支えあえるまちづくり」を実践するものとして開始されました。認知症ケア研究会は２００６年に独自に制作した絵本『いつだって心は生きている』を刊行し、現在までこの本を使った総合学習の取組みなどを行っています。この絵本では、認知症になった自分のおじいさん・おばあさんを心優しく見守る子どもや家族そして地域のことが描かれており、その内容は実に感動的なものです。子どもたちは絵本教室を通じて学んだことを作文として残していっています。これまで８０００人以上の子どもたちが絵本教室で学び、２０２３年度からは認知症の当事者たちが小中学校で直接子どもたちと対話する試みも始まっています。絵本教室は、子どもたちに認知症の高齢者が地域に暮らしていることが日常的であることを知ってもらい、それを我が事として認識してもらう上で大変効果的なものであるのは間違いありません。

第三は、ほっと安心ネットワーク模擬訓練です[1]。これは認知症の人が行方不明になった場合を想定した全市的な模擬訓練です。大牟田市では、もともとつくられていた「大牟田地区高齢者等ＳＯＳネットワーク」（行方不明時捜索システム）を活用し、行方不明者の死亡事故があった小学校区において模擬訓練が２０１６年度から始まりました。その後、この模擬訓練に参加する小学校区が増えていき、２０１０年度までに当時あった全22小学校区で模擬訓練が実施されるに至ります。コロナ禍前の２０１８年でみれば現在の全19小学校区が模擬訓練に参加し、参加者数は２６００人を超

図表16　大牟田市における認知症高齢者の保護数等

年　度	2014	2015	2016	2017	2018	2019	2020	2021	2022
高齢者の保護数	141	139	121	155	146	134	156	165	174
高齢行方不明者の届出数	22	27	35	20	25	31	16	21	17
SOSネットワーク利用数	14	18	11	9	14	9	10	10	9

出所：大牟田市資料。

えています。この模擬訓練の成果は**図表16**でもうかがい知ることができます。この中の「ＳＯＳネットワーク利用数」は、警察から大牟田市が通報を受けてから、その情報を市民の携帯メールへ流した数を示しており、その時間差が約1時間あります。「ＳＯＳネットワーク利用数」と「高齢行方不明者の届出数」の差の多くは、地域の人々が声かけをすることで、ＳＯＳネットワークに情報を流す前に発見に至ったものをあらわしています。現在はこの模擬訓練においても、認知症の高齢者役を実際の認知症である本人が担うようになっています。

2　居住支援

大牟田市が独自の地域包括ケアシステムを構築する契機となった一つに、高齢化の進行とコミュニティ力の低下が顕著だった市営住宅団地の建替事業があります。[2]この建替事業は２００４年に着手されたものですが、この時点の団地の入居者の高齢化率は48・３％（市内平均は26・４％）で、高齢者世帯の割合は65％、高齢者単身世帯の割合は43・６％にも上っていました。また、団地の世帯の８割が生活困窮世帯であり、そのうちの半分は生活保護世帯という状況でした。

このような状況を受けて、大牟田市は団地の建替えだけではなく社会福祉施設の併設が必要であると判断します。これにより、大牟田市では住宅部局と福祉部局が初めて連携して取り組むことになりました。ちなみに国レベルでいえば、国土交通省（住宅部局）と厚生労働省（福祉部局）が連携によって取り組んだ初めての本格的な制度は、２００７年に公布・施行された「住宅確保要配慮者に対する賃貸住宅の供給の促進に関する法律」（住宅セーフティネット法）でした。大牟田市の実践はそれよりも早く始まっており、その点でも先駆的な取組みであったことがわかります。この経験によって、大牟田市は住まいと福祉を施策として連携させていくことで、安心して住み続けることができる居住空間を地域社会で構築していく方向性を形成していきます。その特徴的な点は次のようになっています。

第一に、大牟田市では、住宅セーフティネット法に基づく居住支援協議会が早くから発足したことです。居住支援協議会は、住宅確保要配慮者を支援するために自治体と不動産関係団体・居住支援関係団体等が連携するものであり、自治体からは住宅部局と福祉部局が入ることが想定されています。大牟田市居住支援協議会は全国の市区町村では9番目に早い２０１３年に設立されています。大牟田市が居住支援協議会をいち早く立ち上げた背景には、住宅部局と福祉部局が市営住宅団地の建替事業において連携してきたという経験があります。大牟田市が居住支援協議会の設立へ向けて国に提出した申請書においても、その理念として「地域包括ケアシステムの推進」という言葉が組み込まれ、地域包括ケアシステムの構築に際しても住宅と福祉の垣根を越える意志が示されます。なお、先述の大牟田市介護サービス事業者協会も居住支援関係団体の一つとして居住支援協議会に参画しています。

第二に、空き家を活用した拠点整備が挙げられます。大牟田市では住宅確保要配慮者向けの住宅確保のために、居住支援協議会が民生委員に協力を依頼して空き家の悉皆調査を実施しました。また、確認された空き家については、高等専門学校（高専）の建築学科に依頼して老朽度調査も実施しています。これらの空き家調査は、国の空き家統計が推計値で空き家の場所も状態もわからないことから、大牟田市が独自に実施したものです。この調査で判明した空き家の中で、その一部が地域住民のコミュニティ拠点としての交流サロンとして活用されることになります。サロンは現在までで2か所が開所し、そこには民生委員を含む地域住民、医療・福祉関係者、地域包括支援センター、大牟田市住宅部局・福祉部局などが関わってきました。また、空き家の所有者に対しては固定資産税程度の家賃支払いが行われています。

第三に、居住支援を地域包括ケアシステムの構築のための重要な仕組みとして位置づけ、それを支えるものとして地域密着型サービスのための拠点整備を推進していることです。地域密着型サービスは2006年の介護保険法改正にともなって制度化された種々のメニューからなっており、高齢者が可能なかぎり住み慣れた地域で生活を続けるための事業所の整備が求められているものです。大牟田市では「小規模多機能型居宅介護施設」と「介護予防拠点・地域交流施設」（以下、地域交流施設）の整備に重点を当ててきました[3]。これらの介護サービス拠点も小学校区単位での整備が進められてきました。

「人と人のつながり」という点からみれば、地域交流施設が大きな機能を果たすものとして設置されてきています。そこで次に、この地域交流施設についてみていくことにします。

3 地域交流施設

大牟田市の地域交流施設の取組みは、上述した市営住宅の建替事業にともなう地域交流施設の設置が市内全域に広がったものです。地域包括ケアシステムを構築するために、大牟田市では各小学校区に最低でも一つの地域交流施設を設置することを目標として定めました。地域交流施設は介護予防とコミュニティ再生の拠点として位置づけられたものです。２０２３年度では全19小学校区に対して、地域交流施設は18小学校区・45か所の設置が行われています。

地域交流施設は、その他の地域密着型サービスの拠点となる小規模多機能型居宅介護施設やグループホーム（認知症対応型共同生活介護）に併設することを大牟田市独自の基準として義務化してきました。[4] これには次のような意味がありました。[5]

第一に、住民が要介護状態になる前から地域交流施設で健康づくりや介護予防事業などに参加しやすくすることで、認知症や介護が身近なものであることを認識してもらえるようにしたことです。これは、健常者が小規模多機能型居宅介護施設などの福祉施設を訪れることがほとんどないことから発想されています。福祉施設と地域交流施設は同じ運営事業者やスタッフが担うことで、住民にとっては介護施設や介護サービスそのものが非常に身近に感じられるという効果があります。最終的にはこれらを通じて、介護やケアを内包した地域社会をつくっていくことが企図されてきました。

第二に、高齢者にかぎらず、子どもまでの多世代が地域交流施設を活用した交流活動をすることで、住民同士のつながりと相互扶助の意識を高め、コミュニティそのものの活性化をはかることです。これは、地域交流施設のような施設の持つ本来的な機能です。また、地域交流施設の運営事業者は「ほっと安心ネットワーク模擬訓練」の担い手ともなっており、施設での活動の範囲を越えた地域づくりの役割も果たしています。この地域交流施設も２００４年に着手された市営団地の建替事業から始まっています。

先ほど述べたように、大牟田市の地域包括ケアシステムは、行政も福祉部局と住宅部局が２００６年度の改正介護保険法の施行以前から市営団地事業の建替事業を通じて連携する土壌ができていきました。これらが「住まい」を中心に置いて地域でさまざまな福祉サービスを活用する地域包括ケアシステムの構築をスムーズに進めた要因となっています。

また、地域認知症ケアコミュニティ推進事業や地域交流施設の取組みをみればわかるように、大牟田市では自治体と民間事業者らが非常に密に連携しながらソフト・ハードの両面から地域包括ケアシステムを独自に構築してきました。とくに「人と人のつながり」をつくるという点においては、自治体よりもむしろ民間事業者らの果たす役割の方がはるかに重要になってきます。自治体は、公平性・画一性を行動原理に持つことから個別事情を抱えた個人への対応には不向きであり、「人と人のつながり」をつくるという点では多様で柔軟性を持った対応ができる民間事業者らの働きが欠かせません。ただし、民間事業者らの活動をコントロールする役割は自治体が担わざるをえず、とくに地域包括ケアシステムのような福祉政策の根幹に関わる取組みに対しては自治体による適切な関与が大きく求められます。

この点については、大牟田市の地域交流施設の運営に対する姿勢にもあらわれています。大牟田市では、地域交流施設の建設費については国の地域介護・福祉空間整備等施設整備交付金（補助率10／10）が活用される一方、その運営費に対しては市からの補助は行われていません。これは、運営費に行政からの補助金を入れることによって、民間事業者の取組みに過剰な制約を課してしまわざるをえないという判断によるものです。

それでは大牟田市の地域包括ケアシステムにおいて、市内の民間事業者らはどのような活動を展開してきたのでしょうか。これについて、大牟田市の社会福祉協議会を中心にみていきたいと思います。

3　自治体と民間との連携
―結節点としての社会福祉協議会―

自治体は公権力であることから、アウトリーチ等が求められる生活困窮者自立支援事業や地域包括ケアシステムは民間委託を前提としています。大牟田市ではこれらの事業を大牟田市社会福祉協議会へ委託してきました。

行政組織は現物給付による福祉施策は不得手です。とくに、生活困窮者自立支援事業や地域包括ケアシステムのような包括的な福祉サービスにおいては、縦割りの法令に則って適正執行することを旨とする自治体は実施主体として不適切な面があります。そこで頼りにされるのが、自治体と民間の中間的な性格を持つ社会福祉協議会のような事業者の存在です。社会福祉協議会は自治体と行財政を通じて強い関係を持っていますが、組織としては社会福祉法に基づく民間事業者として区分されます。大牟田市では社会福祉協議会が自治体と各民間事業者をつなぐ結節点として機能し、自治体と民間による公民連携の協力体制を構築することで地域包括ケアシステムを強化してきました。

大牟田市社会福祉協議会は地域包括ケアシステムの構築目標である２０２５年に向けて、①生活困窮者自立支援事業の推進、②地域包括ケアシステム構築の推進（生活支援サービスの充実）、③大牟田市社会福祉法人「地域公益活動協議会」との連携による事業運営、という3つの重点項目を設定してきました。このうち、①と②はそれぞれの事業目標であり、③についてはそれを推し進めていくための運営体制となっています。

大牟田市社会福祉協議会の特徴は、この地域公益活動協議会をはじめとするさまざまな民間組織との連携の中で福祉施策を展開してきたことにあります。地域公益活動協議会は２０１５年に大牟田市内にある16の社会福祉法人が立ち上げたものであり、２０２４年現在では27法人が加盟しています。大牟田市内にある社会福祉法人の数が30法人であることから、市内の大部分の社会福祉法人が地域公益活動協議会のメンバーであることがわかります。この点からも推察されるように、地域公益活動協議会に属する社会福祉法人の業種は多様であり、その一つとして社会福祉協議会が加盟して事務局機能を担っています（**図表17**）。また、これらの社会福祉法人で働く常勤職員数は約１５００名にも上ります。

地域公益活動協議会が最も取り組んできたのは、生活困窮者レスキュー事業とよばれるものです。これは当時の福祉制度の狭間を埋める地域セーフティネットとして開始され、その対象となる事業はあらゆる領域に及んできました[6]。その結果、地域公益活動協議会と市内の子ども・地域食堂やＰＴＡ等の他の諸団体との連携が強化され、大牟田市役所―社会福祉協議会―地域公益活動協議会―各地域団体という強力な地域福祉推進のネットワークが形成されてきました。

こうした編み目のようなネットワークは、地域福祉社会を万全なかたちで実現していく上で不可欠な体制であるといえます。大牟田市の場合には、社会福祉協議会が自治体と民間をつな

図表 17　地域公益活動協議会の社会福祉法人の業種別内訳

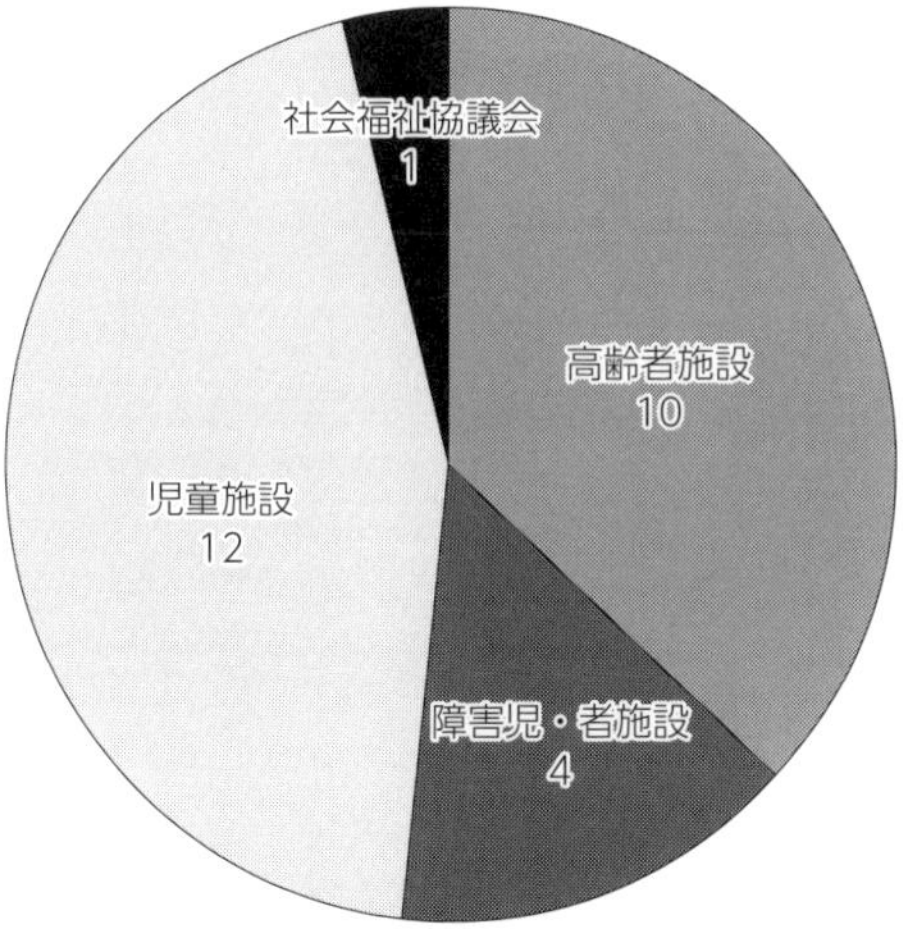

出所：大牟田市社会福祉協議会資料より作成。

ぐかなめとして、このネットワーク体制の構築に決定的な役割を果たすことになりました。それは、社会福祉協議会が生活困窮者自立支援事業と地域包括ケアシステムの二つを基軸となる事業として地道に創りあげてきた成果にほかなりません。

この大牟田市の地域福祉のネットワーク体制は、地域包括ケアシステムをはじめとする各分野の福祉施策の総合的な発展として位置づけられる「地域共生社会」の構築にも大きな役割を果たすことになります。大牟田市では、このようなネットワークの体制によって取り組んできた生活困窮者自立支援事業や地域包括ケアシステムの実践を通じて、地域共生社会へ向けた取組みを進めていくことになりました。

地域共生社会の構築は始まったばかりであり、それに大牟田市のネットワーク体制がどのように取り組んでいくのかは今後の課題です。それに対して、自治体の行財政制度においてはすでに地域共生社会の構築へ向けた新しい変化がみられます。これは日本の地域福祉全体に関わるものであり、「人と人のつながり」という点においても重要な萌芽が含まれています。この行財政制度の変化は地域の民間事業者らの実践のあり方にも変化をもたらさざるをえないことは間違いなく、この点においてもこれまでの大牟田市の公民連携の協力体制は有利に働くことが期待できるものです。

この点をみるために、次に地域共生社会における行財政制度の変化をみていくことにします。

4　地域共生社会における財政制度

1　地域包括ケアシステムから地域共生社会へ

国は2017年に社会福祉法改正案（地域包括ケアシステムの強化のための介護保険法等の一部を改正する法律案）を公布し、2018年から施行しています。これによって、高齢者の医療・介護や認知症対策のために進められてきた地域包括ケアシステムは、新たに「地域共生社会」へと展開していくことになりました。

地域共生社会は地域包括ケアの理念を普遍化するものであり、高齢者だけでなく障害者・子ども・生活困窮者などを含めたより包括的な支援体制の理念です。また、このような包括的な支援体制には全体の受け皿となる総合的な相談窓口も必要となるため、それについては制度が先行してきた生活困窮者自立支援事業での取組みが想定されています。つまり、これまでみてきた生活困窮者自立支援事業と地域包括ケアシステムの二つの政策が他の福祉分野を巻き込むことで、地域共生社会へと理念が広がることになったのです。これを支えるための政策体系として、2021年度から「重層的支援体制整備事業」が施行されることになりました（**図表18**）。

こうした制度の流れは必然的なものでした。というのは、さまざまなサービスの提供を通じて「住まい」を中心とした日常生活の場を支えるという地域包括ケアシステムの理念は、高齢者だけに

図表 18　地域共生社会へ向けた重層的支援体制の理念

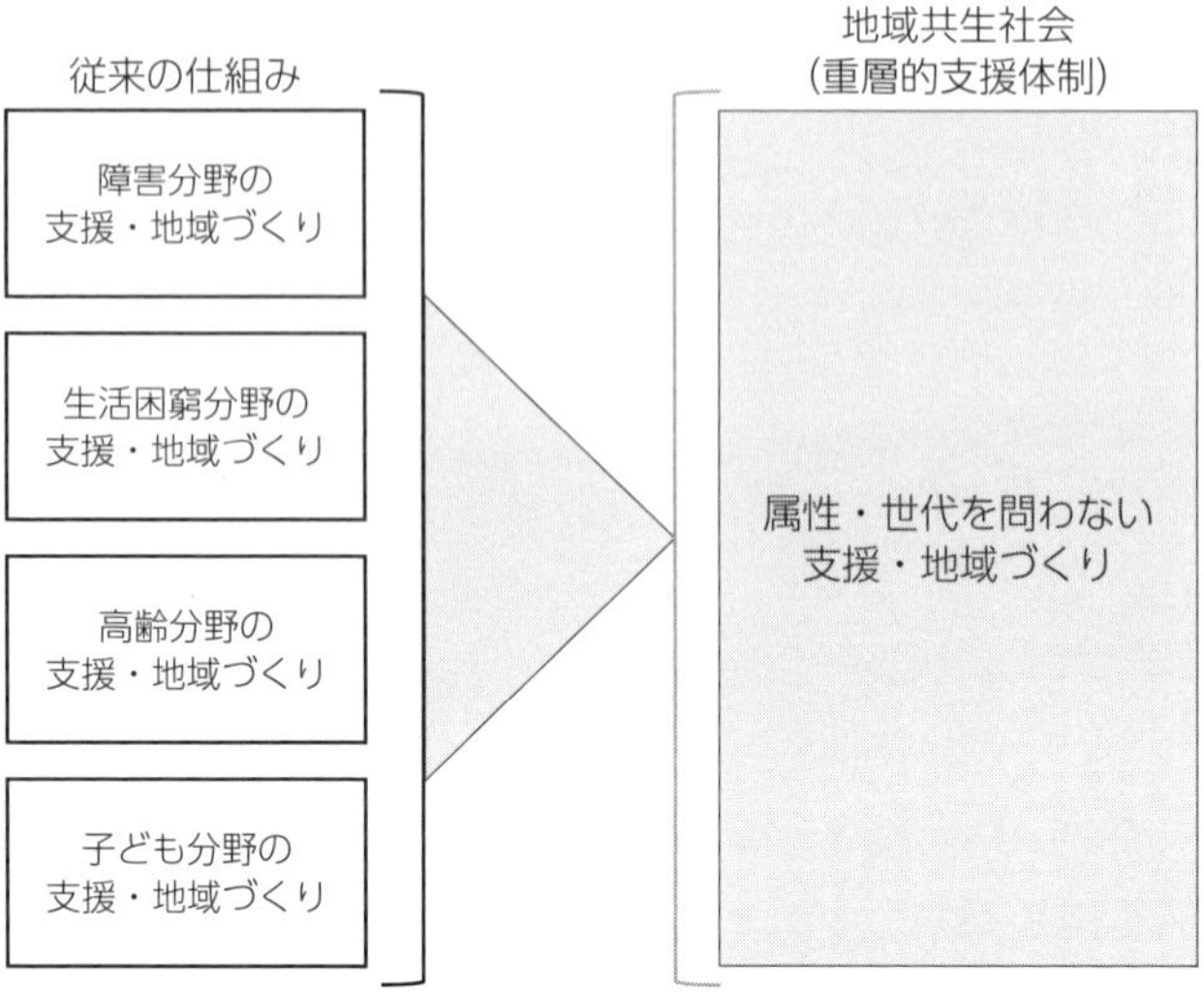

出所：厚生労働省資料より作成。

当てはまるものではないからです。実際にも、地域包括ケアシステムの中心を担う地域包括支援センター等には多様な生活困難の相談が寄せられてきました。そのため、より多くの自治体内の部局や民間事業者らによる連携協力の体制が求められるようになってきていました。

新しい地域共生社会の理念は、「制度・分野の枠や、『支える側』『支えられる側』という従来の関係を超えて、人と人、人と社会とがつながり、一人ひとりが生きがいや役割を持ち、助け合いながら暮らしていくことのできる、包摂的なコミュニティ、地域や社会を創る」というものです。[7] これはかなり抽象的でつかみ所が難しい理念ですが、要するにいかなる種類であれ生活困難を抱える住民をコミュニティ全体で支えていこうというものだと理解できます。

このような地域共生社会の考え方に基づき、市町村には①断らない相談支援、②参加支援（社会とのつながりや参加の支援）、③地域づくりに向けた支援、の3つを一体的に実施することが求められることになりました。これを実施するのが重層的支援体制整備事業ですが、これは市町村の任意事業で、具体的な支援体制のあり方もそれぞれの市町村が行政や地域の実情に応じて決めることになっています。大牟田市では地域包括ケアシステムの体制を中心に据えて2020年度からモデル事業を始め、2022年度から重層的支援体制整備事業を開始しています。重層的支援体制整備事業は、これまでの大牟田市の公民連携の協力体制に基づく実践からみても当然の方向性にほかならないものでした。

2　地域共生社会へ向けた財政制度

地域共生社会の実施に向けて、国はあらたに「重層的支援体制整備事業交付金」を創設しました。これは、従来からあった介護、障害、子ども、生活困窮の分野の相談支援や地域づくりにかかる既存事業の補助金を統合すると同時に、参加支援やアウトリーチ等による継続的支援や多機関協働といった「新たな機能」を追加して一括交付するものです。このうち介護分野においては、地域包括支援センター運営費など地域包括ケアシステムに関わる予算が市町村の介護保険事業特別会計から一般会計へ繰り入れされることになりました[8]。

大牟田市のケースについてみれば、**図表19**のような財政の変化がみられます。２０２３年度の大牟田市の重層的支援体制整備事業費は総額で４・２億円であり、これは民生費総額２３２・５億円の約１・８％に当たります。このうち高齢分野が２・８億円と約65％を占めていることから、財政的には重層的支援体制整備事業の中心が地域包括ケアシステムにあることがわかります。生活困窮分野についていえば、社会福祉総務費の中の生活困窮者自立支援事業の一項目であった生活困窮者自立相談事業費がこの重層的支援体制整備事業費の「新たな機能」等に移動されています。

(2023年度一般会計当初予算、単位：千円)

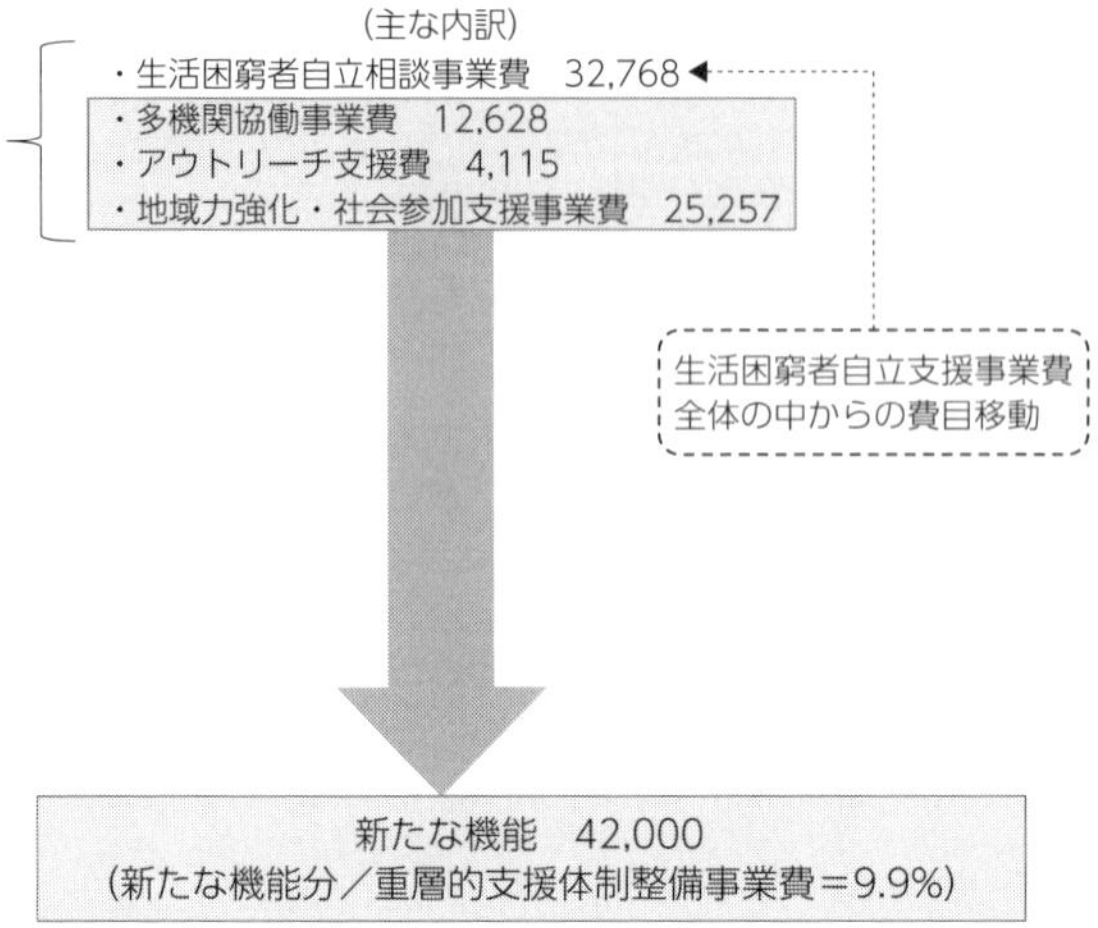

対策費393万円分がそれぞれ含まれている。

　この移動された生活困窮者自立相談事業費を除いた重層的支援体制整備事業の実施のための「新たな機能」の付加額は４２００万円であり、これは重層的支援体制整備事業費全体の９・９％に相当します。この「新たな機能」の予算額の多寡は、自治体の抱える事情によって異なるため、一概に判断することはできません。しかし、地域団体の連携のための多機関協働事業費や「人

図表19　大牟田市の重層的支援体制整備事業費

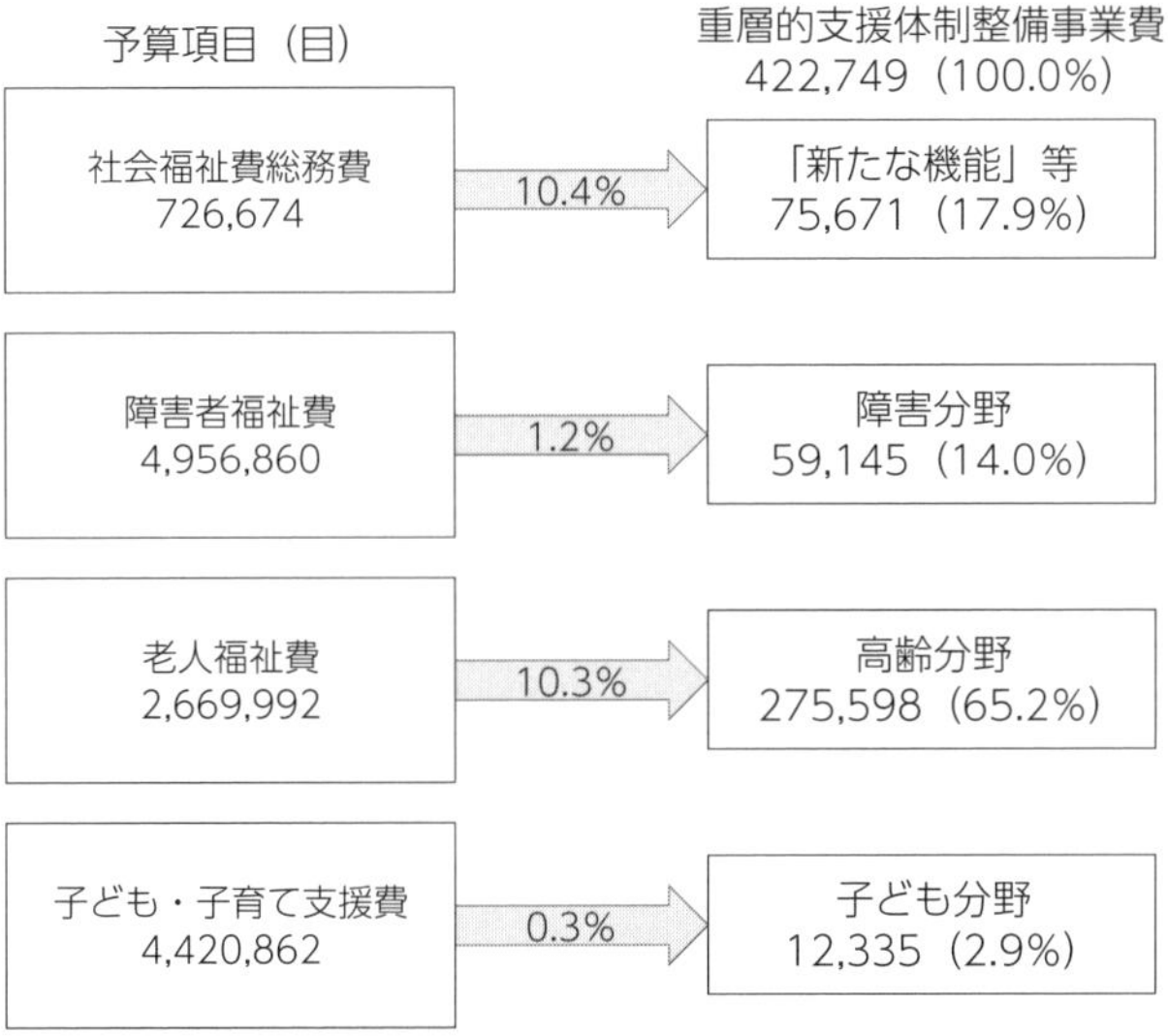

注：「新たな機能等」には防災費90万円分、「子ども分野」には母子保健
出所：大牟田市（2003年）『令和5年度一般会計予算説明書』より作成。

と人のつながり」をつくるための地域力強化・社会参加支援事業費など、これまで看過されてきた地域福祉のもつ側面での予算措置がとられるようになった意味は重要です。それは、このような財政制度の変化が個人や事業者などあらゆるメンバーからなるコミュニティを地域で再生していくことの現代的意義を示唆しているからです。

「新たな機能」によって、自治体の内部では各部署が縦割りで所管していた福祉分野を融合していくことが求められるようになります。それが自治体組織をどのように変えていくのかについても、それぞれの自治体における実践によることとなります。

生活困窮者自立支援事業費の全体から重層的支援体制整備事業費に移動された生活困窮者自立相談事業はもともとワンストップ・サービスを理念とするものであり、あらゆる生活相談を受け付ける窓口としての機能を果たすものです。全国の自治体の中には、このことを条例で明確にすることで行政内部の融合を実質的に進めてきたところもあります。重層的支援体制整備事業における生活困窮者自立相談事業の位置づけは、このようなワンストップ・サービスの取組みをあらゆる福祉分野に共通するものとして明示化するものになっているのです。このような重層的支援体制整備事業の制度を踏まえて、自治体がどのように組織運営を発展させていくのかが問われています。

5　コミュニティ財としての地域包括ケアシステム

大牟田市の地域包括ケアシステムの取組みは、地域認知症ケアコミュニティ推進事業の一環として行われている小中学校での絵本教室や、市内各地に設置されている地域交流施設など、住民同士の「人と人のつながり」をつくりだすコミュニティ財として実践されていることがわかります。それを市内の社会福祉法人が中心になって支えることで、これらの場所がコモンズとして機能していることもみてとれます。

福祉分野の中でも、とくに高齢者福祉は地域全体に万遍なく広がっているニーズであり、これに対して自治体がいかに取り組んでいくかは今後も最重要な課題であるといえます。民間の高齢者サービスでは、住民の支払い能力の差によって受けるサービス内容が極端に異なる事態が発生しています。そのような中において、自治体が住民の間に格差を生じさせず、誰もが幸福感を持って地域で暮らし続けられるまちづくりが求められています。それには自治体による普遍的な公共サービスの拡充とともに、「人と人のつながり」を積極的につくりだす取組みも不可欠なものとなっています。
大牟田市が地域包括ケアシステムを通じて行ってきた実践は、これらを具体化してきたものであると評価できるものです。

注

1 ほっとあんしんネットワーク模擬訓練は、開始時には「徘徊SOSネットワーク模擬訓練」、2015年度からは「認知症SOSネットワーク模擬訓練」へと名称変更され、2019年度からは現在の名称となっています。

2 牧嶋誠吾（2021年）『福祉と住宅をつなぐ』学芸出版社。本章における大牟田市の地域包括ケアシステムの経緯については同書に多くを依拠しています。

3 小規模多機能型居宅介護施設は重度の介護状態になっても在宅で生活ができるようにするための小規模な居住系サービスで、通所を中心に訪問や短期の宿泊も可能なものです。

4 地域密着型サービスの拠点は、小規模多機能型居宅介護施設やグループホームのほかにも医療機関の建物内外に併設されているものがあります。

5 牧嶋誠吾（2021年）、97～99頁。

6 生活困窮者レスキュー事業の主なものとしては、ゴミ屋敷と呼ばれる住民への支援、生活困窮者への食料・日用品等支援、生活つなぎ資金貸付支援、住居を持たない人の宿泊支援、シェルター提供（DV等の緊急支援）、ひきこもり支援、不登校児童支援、ヤングケアラー支援、家電・自転車・布団等の無料貸出・支給、学校休校中の児童・生徒への食料提供、産前・産後サポートケアなどが挙げられます。

7 地域共生社会推進検討会（2019年）『最終とりまとめ』2頁。

8 介護保険制度では地域支援事業として「総合事業」や「包括的支援事業」が実施され、それぞれに対して国、都道府県、市町村、その他の予算配分の割合が決められています。この予算配分の枠組みについては、重層的支援体制整備事業にともなう介護保険事業特別会計から一般会計への予算の組み替えによっても維持されています。

第7章　公共施設と「人と人のつながり」

1　「人と人のつながり」と公共空間

「人と人とのつながり」と公共空間は不可分の関係にあります。ここでいう公共空間とは人間が五感を通じて感受できる物理的なものであり、いわゆるネット上の空間とは異なっています。

私たちが一歩外に出たら、そこには広大な公共空間が広がっています。だからこそ、私たちは外では周囲に気遣いながら、行動したり話したりすることが求められているのです。しかし、このような公共空間の捉え方をすればほとんどの空間がそれに該当することになり、言葉の使い方としては意味をなさなくなってしまいます。

そこで本章では、公共空間を人々が地域においてさまざまなコミュニケーションを一定の密度をもって繰り返し行う場（プレイス）を意味する言葉として用いることにします。具体的には、さまざまな市民が交流する公共施設や中心市街地などのことを指しています。

「人と人のつながり」が公共政策の重要課題であるという視点からすれば、自治体として公共空間をどのように整備し活用していくのかはきわめて重大です。これまでの自治体は公共空間を単に多くの住民が使用する場所ぐらいの認識でしかありませんでした。その背景には、私たちが長年にわたって前提としてきた個人主義に基づく行政サービスの考え方がありました。今はその認識が大きく変わりはじめています。

第2章で紹介した財政学の価値財という考え方に基づけば、「人と人のつながり」をつくるという積極的な役割を現代の行財政は果たさなければならないことになります。「人と人のつながり」を創出するための公共空間をどのように整備するのかが、自治体の大きな役割になっているのです。例えば、自治体が公園整備を行う場合に、これまでは単に住民が遊ぶ空間としてつくられてきました。そこでは各人が好きなように遊具等を使って過ごすことが想定されていましたが、現在では公園に集まった人たちがコミュニケーションをとって共に活動を行うことが重視されてきています。公園整備の目的が「遊ぶ」ことから「人と人のつながり」をつくることへと変貌してきているのです。これは商店街についても同じで、単なる買い物するための場所からコミュニティの空間として、国も位置づけはじめています。

また、公共空間を活用して人々が繰り返しさまざまな催しや運営を行うことは、その公共空間がコモンズとしての役割を果たすことになります。第3章でみたように、コモンズとはただ公共空間が人々や自治体の所有であるという形式的な条件が満たされればよいのではなく、それを人々が活用することで「人と人のつながり」をつくったり、人間関係を深めたりすることによって成り立つものだからです。

本章では、衰退が進む都市の中心市街地の再生へ向けて、公共施設の再編・統合を活用している事例についてみていきたいと思います。当然のことですが、中心市街地は公共施設だけで成り立っているのではなく、それを取り囲む民間施設等と一緒になってつくりだされています。公共施設の効果を単体としてみることもできますが、都市の視点からは公共空間全体としての効果をみることの方がより重要です。

建物や公共空間は何年にもわたって存在しつづけます。その歴史は人々の心の中に「記憶」として留まりつづけます。その中には表面的なものから自分のアイデンティティ（自己同一性）にもつながるような深層的なものまで含まれています。私たちは自分が何者かをみる場合に絶えずアイデンティティに照らし合わせているといっても過言ではありません。

これは都市や地域にも当てはまります。いわゆる故郷もその一つで、それがなくなることで私たちは自分自身を失ったような気持ちになることがあります。建物や中心市街地も同じで、そこで人生を過ごしてきた人にとってはかけがえのない公共空間になっていることがあります。そこが衰退したときには、人々が培ってきた「記憶」を活かすことで、市民としての内発的なエネルギーを生み出すことにつながるといえます。

以下では、都市におけるアイデンティティや「記憶」を手がかりとして、公共施設の再編・統合を軸にした中心市街地の再生についてみていきます。それによって、施設整備によって生じる表面的な「賑わい」にとどまらず、人々が時間の経過とともに育んできたコミュニティや「人と人のつながり」に基づく内発的な都市の再生に本章は焦点を当てます。

2 公共空間とコミュニティ・アイデンティティ

個人にはさまざまなアイデンティティがあります。国籍、世代、性別といったものから、自分の仕事や趣味に至るまで、多様なアイデンティティの要素によって個人は形成されています。アイデンティティは自己同一性とも訳されるように、それがなくなればその人は現在の自分とは異なった存在になってしまうほどの強い働きをするものです。自分が長年一生懸命に勤めてきた会社が突然なくなってしまえば、その人は自我を喪失してしまうほどのショックを受けるでしょう。それは、その会社の一員であるという強いアイデンティティを失ったことによって、まるで別人格になってしまうような出来事にほかならないからです。

アイデンティティの一つとして、ある地域に暮らし活動する人がその地域から獲得しているものがあります。「私は○○市の住民だ」「私は○○地区の一員である」という認識や自覚がこれに当たります。このようなアイデンティティは地域から生じているものであることから、「地域アイデンティティ」とよぶことができます。

地域アイデンティティの強弱は人によって大きく異なります。ある人は自分が単にその地域に住居を構えているだけだとしか思っていないかもしれません。しかし、別の人はその地域を守るためには人生を賭してもかまわないとさえ考えているかもしれません。とはいえ、前者のような人でもその地域に対しては何らかの思いを持っているのが通例だといえるでしょう。

この地域アイデンティティには、「人と人のつながり」という要素が多分に含まれています。地域の自然環境や歴史文化そのものへの愛着が個人のアイデンティティを形成している場合もありますが、多くの人の場合にはその地域における「人と人のつながり」を通じて地域アイデンティティを獲得しています。

そこで本章では、地域アイデンティティの中に含まれる「人と人のつながり」に基づくアイデンティティを「コミュニティ・アイデンティティ」とよぶことにします。コミュニティ・アイデンティティという言葉には、その地域で共に暮らし活動する人々とのつながりから生み出される仲間意識としての意味が強く込められています。この地域における仲間意識は地域そのものと不可分の関係にあり、地域の中でつくりだされる「人と人のつながり」による自己認識がコミュニティ・アイデンティティにほかなりません。わかりやすく表現すれば、「私は近隣の人たちと共に○○町に住む仲間だ」といった感覚です。以上のアイデンティティの各次元は**図表20**のように描くことができます。

図表20　アイデンティティの次元

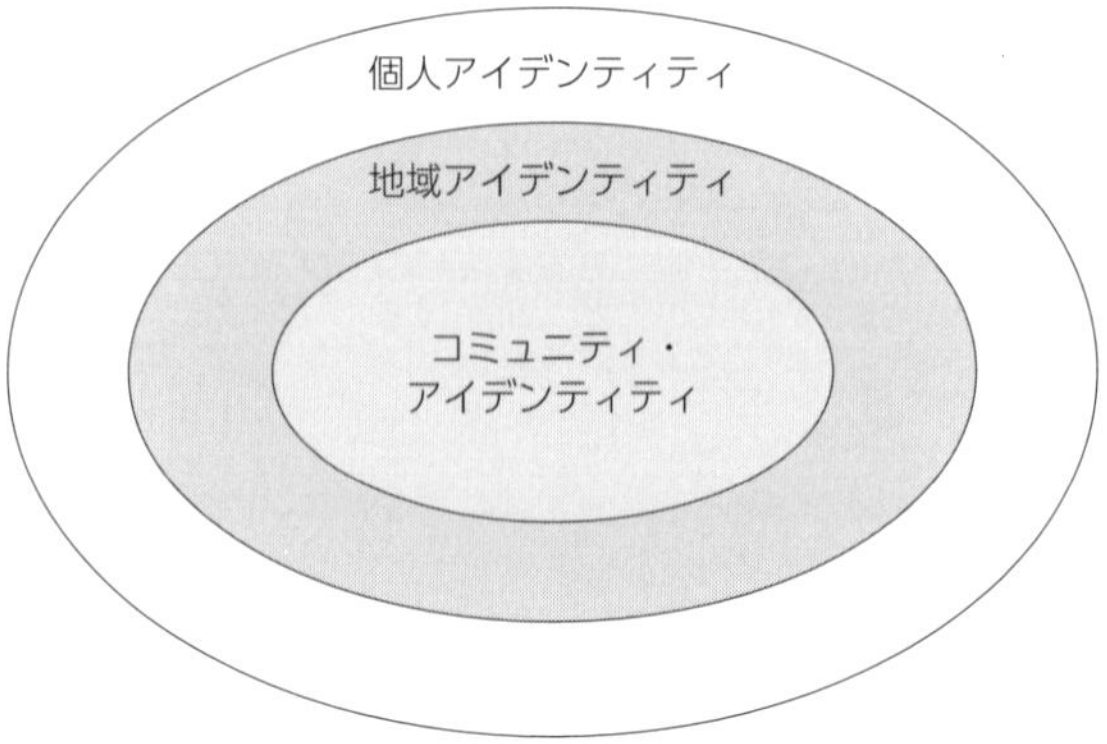

出所：筆者作成。

一般にアイデンティティは、私たちが行為するための規範をつくっています。政治家や教師といった特定の職業に従事する者は一般人以上に社会的な振る舞いの正しさが求められるのと同じように、私たちも自分のアイデンティティによって形成される規範にしたがって行為しています。コミュニティ・アイデンティティもこれと同じで、その地域の仲間であるという自覚が互いを気にとめたり助け合ったりという行為へとつながっていることがあります。地域での清掃活動やイベント活動などへ進んで参加するというのはその例です。ここではこれを「コミュニティ規範」とよんでおきます。

上記のようなアイデンティティに対して、何かしら違和感を覚えた読者も少なくないと思います。それは、このようなアイデンティティをめぐる論理がすべてポジティブな思考を前提としてきたからです。自分が住む地域が嫌いであったり、そこで形成されている人間関係やコミュニティ規範（地域の慣習やしきたりなど）をうっとうしく感じていたりして、その地域から一刻も早く抜け出したいと思っている人もいるでしょう。そのような人は、自身にとってのマイナスのアイデンティティを外してしまい、新たに別のプラスのアイデンティティを獲得したいと考えているといえます。また、コミュニティ・アイデンティティの中には、富裕層が自分たちだけが居住する空間を塀で囲ったゲーティッド・コミュニティのように排他的・非民主的なコミュニティも存在します。こうしたコミュニティを想起すれば、先述したアイデンティティの論理は一種の「お花畑」のようにみえるのも無理はありません。

ここで大切なことは、真っ当な「人と人のつながり」の意識に基づくコミュニティ・アイデンティティが個人の中に存在することで、その一員としての市民は地域とその仲間のために動いたり貢献したりする内的な動機づけが与えられることです。これは、コミュニティに対する道義的な責任を私たちが自分自身の中に一つの規範として内面化している状況をあらわしています。

このような動機づけが実際にさまざまな地域での活動へとつながることは、それを生み出したコミュニティ・アイデンティティをさらに強めることになります。反対に、このような地域での活動が何も行われなくなれば、本来あったはずのコミュニティ・アイデンティティは劣化していく可能性があります。また、個人の中における内的な動機づけが欠けていれば、たとえ表面的には仲間同士で協働しているようにみえても、その活動の成果は決して十全なものとはなりえないでしょう。

真っ当なコミュニティ・アイデンティティは強い「人と人のつながり」そのものであり、それは私たちの幸福にとって大変重要な要素です。そして、自治体からみれば、このようなコミュニティ・アイデンティティの形成を促し守っていくことは住民福祉の増進という点から重要な政策目的であるとともに、自治体が市民と一緒になって地域を発展させていく大きな手段となります。

ここでは、コミュニティ・アイデンティティに特定の道徳、倫理、正義、善といった規範を一意的に取り込んで考えているわけではありません。それらは時代や社会によって異なる内容を持ちますし、またそのような規範を具体的に想定することは独善的で危険なことでもあるからです。本章では、私たち人間が本来的に真っ当な「人と人のつながり」に対する感覚を備えた存在であるという点を前提にしているにすぎません。

公共空間は、コミュニティ・アイデンティティを具体的につくりだす場としての役割を果たすものです。以下ではこの点を意識しながら、公共施設の再編を軸にコミュニティ・アイデンティティを取り戻す取組みについてみていきたいと思います。

3　公共施設の再編と「人と人のつながり」の回復
―都城市の事例―

1　中心市街地再生と公共施設

多くの自治体は漠然と「市民活動の活発化」とか「賑わいの創出」といった言葉を行政活動の計画や目的に掲げるようになっています。しかし、それらが「人と人のつながり」の大切さをどれだけ認識したものであるのかは不明です。たしかに人々のさまざまな活動によって地域が明るい雰囲気になることは大切です。それ自体が地域の魅力を創出することであるのは間違いないからです。しかし多くの場合には、漫然とした表面的な賑わいなどが想定されているだけだといえます。

そのような中で、「人と人のつながり」を行政目的として明確に意識して、それを老朽化した公共施設の再整備をきっかけにして取り組む自治体もあらわれてきています。また、公共施設を建物単体で扱うのではなく、周囲の民間施設や都市環境を巻き込んで「人と人のつながり」を追求する例も増えてきています。これはかつてのように「人と人のつながり」が普通に存在し、公共施設を建てれば住民が自然に寄ってくるような時代とは異なった状況です。人々がどんどん孤立している状況において、自治体によるこのような意識的な実践は今後ますます重要になってくるのは間違いありません。以下では、その典型的なケースとして、宮崎県都城市の事例についてみていきたいと思います。

都城市は中心市街地再生の取組みにおいて先駆的な成果をあげてきた自治体です。その背景には同市の歴史的な盛衰が深く関わっています。

現在の都城市の人口は約16万人で、宮崎市に次ぐ県内2番目の規模の都市です。都城市を中心とした都市圏人口は約25万人に及び、同市の昼夜間人口比率は県内トップの高さとなってきました。2006年に旧都城市が周辺4町と合併して新しい自治体になりましたが、旧都城市そのものは早くから大変栄えてきた都市でした。とくに中心市街地は1956年にランドマークとなる百貨店「都城大丸」が開業して以来、一時は4つの百貨店が建ち並ぶほどの賑わいをみせていたエリアでした。百貨店の周辺には商店街のアーケードも広がり、当時の都城市がいかに経済的な隆盛を誇っていたかがわかります。

しかし全国と同じように、この地域にもモータリゼーションと郊外への大型商業施設の出店が進んでいきます。その過程では、都城市が市街化区域と市街化調整区域を分ける区域区分を１９８８年に全国で初めて廃止してしまい、事業所や住宅の郊外化を促進する結果にもなりました。これらの影響によって、中心市街地の衰退は１９９０年代以降に強まっていくことになり、中心市街地の終日歩行者通行量（休日）は１９８５年のピーク時には９０３３人だったのが、２０１０年には４５８人と20分の1にまで落ち込んでします。[1]その結果、中心市街地にあった百貨店等も次々と姿を消していき、２０１１年には最後の百貨店となった都城大丸も閉店に追い込まれることになりました。都城市はそれ以前から中心市街地再生に対する取組みを進めており、来訪者向けの大型駐車場やまちの交流拠点となる多目的ホールの整備も行っていました。しかし、都城大丸の閉店はそれらの取組みの効果の薄さを示すものになってしまいます。

そこで、都城市と商工会議所は都城大丸の跡地の利用を柱として、中心市街地の再生へ向けた取組みを市の最重要課題として取り組んでいきます。国が全国的に進めていた都市再生整備計画や立地適正化計画（コンパクトシティ計画）を中心市街地再生の中に取り入れていき、中心市街地から外れた場所にあった老朽化した市立図書館を中心施設として、地域交流センター、子育て世代活動支援センター、保健センター、バス待合所、屋根付きの多目的広場など8つの公共施設をそこへ集約します。そして２０１８年に市立図書館を中心とした都城市中心市街地中核施設「Mallmall（ま

図表21　都城市中心市街地中核施設「Mallmall」

出所：都城市提供。

るまる）」（図表21）が開業するに至ります。

他方では、商工会議所等が中心になって設立したまちづくり会社がスーパーマーケットをはじめとした商業施設の整備を行っていきます。スーパーマーケットの設置は都城大丸の閉店による日常的な買い物困難者の解消に向けた取組みでした。これらは都城市が立地適正化計画に基づき中心市街地に集積させた都市機能誘導施設となっています（図表22）。

この都城市の中心市街地再生の取組みには国の制度が巧みに活用されています。とくに２０１４年の都市再生特別措置法の改正で創設された各種の制度は、この取組みに大きく貢献しています。都城市は改正都市再生特別措置法で定められた立地適正化計画のうち都市機能誘導区域を２０１７年に公表し、新たに創設された都市再構築戦略事業と都市機能

図表 22　都城市の中心市街地の都市機能誘導施設

商業施設	生鮮三品取扱店（スーパーマーケット等）
医療施設	保健センター（地域交流センターを併設）
	病院・診療所
児童福祉施設	子育て世代活動支援センター（地域交流センターを併設）
文化施設	図書館（地域交流センターを併設）
学校施設	専修学校・各種学校

出所：『広報都城』平成 29 年 2 月号および『都城市立地適正化計画』（平成 31 年 1 月）より作成。

立地支援事業を通じて公共施設の集約整備とスーパーマーケット等の商業施設の誘導整備をそれぞれ実現させていきます。公共交通についても中心市街地と周辺地域を結ぶことで、住民がこれらの都市機能誘導施設を利用できることを重視していきます。商業施設にはスーパーマーケット以外に、各種の飲食店やホテルなどが立地することになります。

2 「人と人のつながり」の回復

都城市の中心市街地再生事業は、立地適正化計画等を巧みに活用して公共施設等の再編・統合を行ったという表面的な実践にとどまるものではありません。そこには、「人と人のつながり」を中心市街地において再生したいという強い思いが込められています。それは公共施設の建設・運営に対する次のような方針にあらわれています。

第一に、公共施設の一つとして屋根付き多目的広場を整備し、Mallmall の指定管理者に対する委託条件として、多目的広場を活用したイベント実施を年間２００回以上求めていることです。全国的にも、一つの市町村の同じ場所でこれだけの回数のイベントが行われているところはほとんどないでしょう。これらのイベントを通じて、それまで交流のなかった住民同士が知り合いになる機会が実際に生み出されています。それが新しい市民活動へと展開していくこともあり、地元のアクセサリー作者とデザイナーが出会って新しい商品をつくっているというのはその一例です。

第二に、公共施設や民間施設などの都市機能施設を集積させることによって、さまざまな世代が集う空間をつくることを目的としてきたことです。とくに、子育て世代と女性が集まる場所として、これらの空間を整備することが意識されています。それは女性（とりわけ子育て中の母親）にはいろいろな人を引きつける特徴があるという考えに基づくものです[2]。この考え方は、子育て世代活動支援センターや保健センターの集約化などにもあらわれています。また、中心施設である市立図書館のデザインも、子どもや若者たちのための低層の木箱型書架や活動スペースの建設など、子育て世帯に大きく配慮されたものになっています。市立図書館ではこれらのスペースを使って、子どもから大人まで手芸や工作などのさまざまな創造的活動が行われており、それがこの図書館の魅力を生み出しています。ちなみに、市立図書館には「図書館の自由に関する宣言」が入口のところに掲げられており、単なる人気取りの図書館ではなく、公立図書館としての矜持も備わっているといえます。まちの「記憶」に関するボードや書籍の配備も重視されており、公立図書館としての本来的機能も保持されています。

第三に、人々の「記憶」が最大限に活かされています。この点が先に述べたコミュニティ・アイデ

図表 23　都城市立図書館ホール

出所：都城市提供。

ンティティと最も深く関係しています。都城市において、かつての中心市街地は住民にとってまちの大切な記憶になっています。この記憶というのは住民が都市に誇りを持つ上で大きく働くものです。この点を考慮して、都城市は図書館整備おいて都城大丸の旧建物をできるかぎり有効活用しました。具体的には、百貨店の建物の特徴である1階の吹き抜け空間をそのまま生かして、中央の大きなシンボルとしての時計塔、中央部分の大きな階段、それらを取り囲む広場など、当時の建物の姿を可能なかぎり残しています（図表23）。これは国が定めた都市再生整備計画における既存ストックの有効活用事業にも合致し、国の補助金を使うことで旧市立図書館の約3倍の床面積の規模を実現することにもつながりました。これによって、同じ規模の図書館を新築整備した場合に比べて約31億円のコスト削減にもなりました。ただし、このような建物の活用は単にコスト削減を目的とするだけではなく、もともと人々を回遊させるノウハウが詰まったショッピングモールとしての特性を図書館に活かすというアイデアに拠るものでもありました。この点は先ほど述べた図書館のデザインにもあらわれており、最大荷重が低く設定されているショッピングモールの建物を再利用するために、低層の書架の配備を実現するという新しい図書館のかたちにもつながっています。

第四に、都城市が取り組んでいる6次産業化との関連で、図書館に併設されているカフェショップ（Mall Market）では地元でつくられた農林畜産物を使ったメニューやグッズが提供されています。委託業者によれば、これには生産者、加工者、販売者と消費者を結びつけるための Market＝市庭としての思いが込められています。ここに隣接してつくられたスーパーマーケットでも地元産の食材が意識的に多く販売されています。なお、中心市街地から離れた郊外につくられた道の駅は都城市の物産振興拠点施設として位置づけられ、ここでも6次産業化の取組みが進められています。

3　中心市街地の再生

市立図書館を中心とした都市機能施設の整備によって、都城市の中心市街地は着実に再生が進んできました。**図表24**は、Mallmall の開業前後の中心市街地にある集客施設の入込み数と歩行者通行量の変化をあらわしています。都城大丸が閉館した２０１１年以降に中心市街地にある集客施設の

図表 24　都城市の中心市街地集客施設の入込み数と歩行者通行量

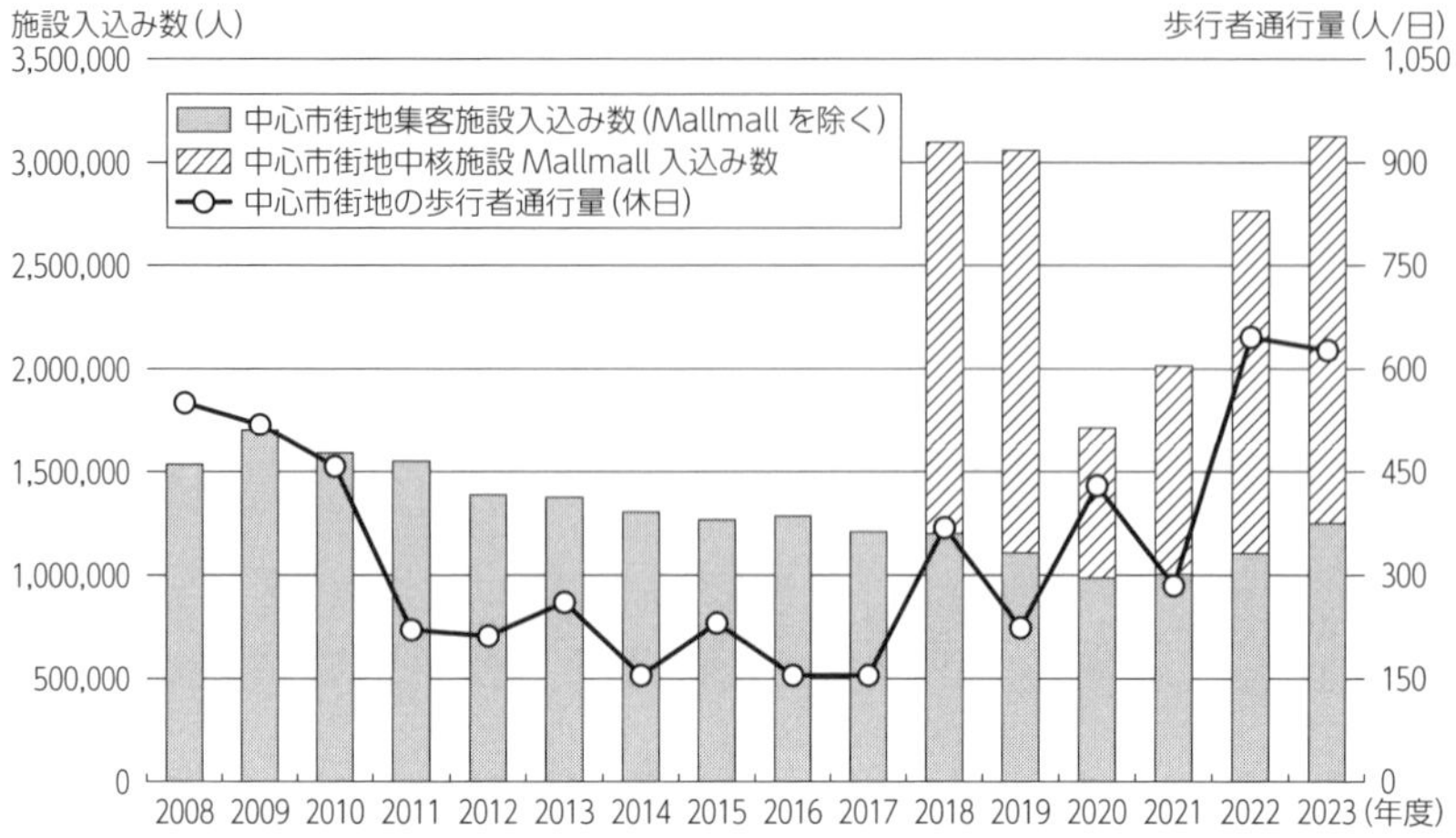

出所：都城市資料より作成。

入込み数がかなり減少していく状況がみてとれます。[3] さらに中心市街地の歩行者通行量の落ち込みも加速し、その後は低迷を続けていました。

ところが、Mallmall が開館した２０１８年にはこのような傾向が一気に反転します。Mallmall を含む中心市街地の集客施設の入込み数は２倍以上に伸び、コロナ禍の期間を除くと同水準の入込み数が続いています。その間、Mallmall 以外の集客施設の入込み数は低迷したままですので、入込み数に占める Mallmall の効果がいかに大きいかがわかります。さらに、これにともない中心市街地の歩行者通行量も劇的に増加していることがわかります。ちなみに都城市が総合計画において設定した２０２５年時点の休日の歩行者通行量の目標値は６４３人／日でしたが、２０２２年にはこの目標値を超える６４６人／日を記録しています。ここでの入込み数や歩行者通行量には都城市の住民以外の人も含まれていますが、

Mallmallが図書館等であることを考えれば、この多くが市民であることは間違いありません。

このような人の動きの変化から、都城市の中心市街地再生の取組みはかなりの成果をあげていると評価できます。中心市街地や公共施設等への訪問者が増えることで、そこから自然に「人と人のつながり」は拡大していきます。それだけにとどまらず、都城市の場合には先ほどみた各施設や施設群の整備内容やそれらを活用した市民活動の催しを通じて、必ずしも数字には表出されない「人と人のつながり」をつくりだしてきたといえます。ここに、都城市の中心市街地再生の本質的な意義を見出すことができます。

Mallmallにある多目的広場で年間200回以上に及ぶ催しが行われていることは、ここを市民自身が運営・発展させるコモンズとして活用していることを示しています。また、中心施設である市立図書館の中でもさまざまな市民活動が行われています。これらの施設を管理しているのは最終的には行政ですが、それを実際に用いて市民活動を行うのは市民自身にほかなりません。それが途絶えてしまったとき、この公共空間はコモンズとして機能しなくなることを意味します。

これらの市民活動を通じて、人々はかつて賑わいをみせていた「記憶」を少しずつ取り戻し、この都市の主体としての市民性＝コミュニティ規範を育んでいるといえます。その結果として、さまざまな催しやイベントに関わる市民が増え、それらの活動が「人と人のつながり」を増強することによってコミュニティ・アイデンティティをさらに大きなものにしていると考えられます。これを公共空間の整備と活用から図式的に示せば、**図表25**のようなかたちであらわすことができるでしょ

図表 25　公共空間とコミュニティ・アイデンティティ

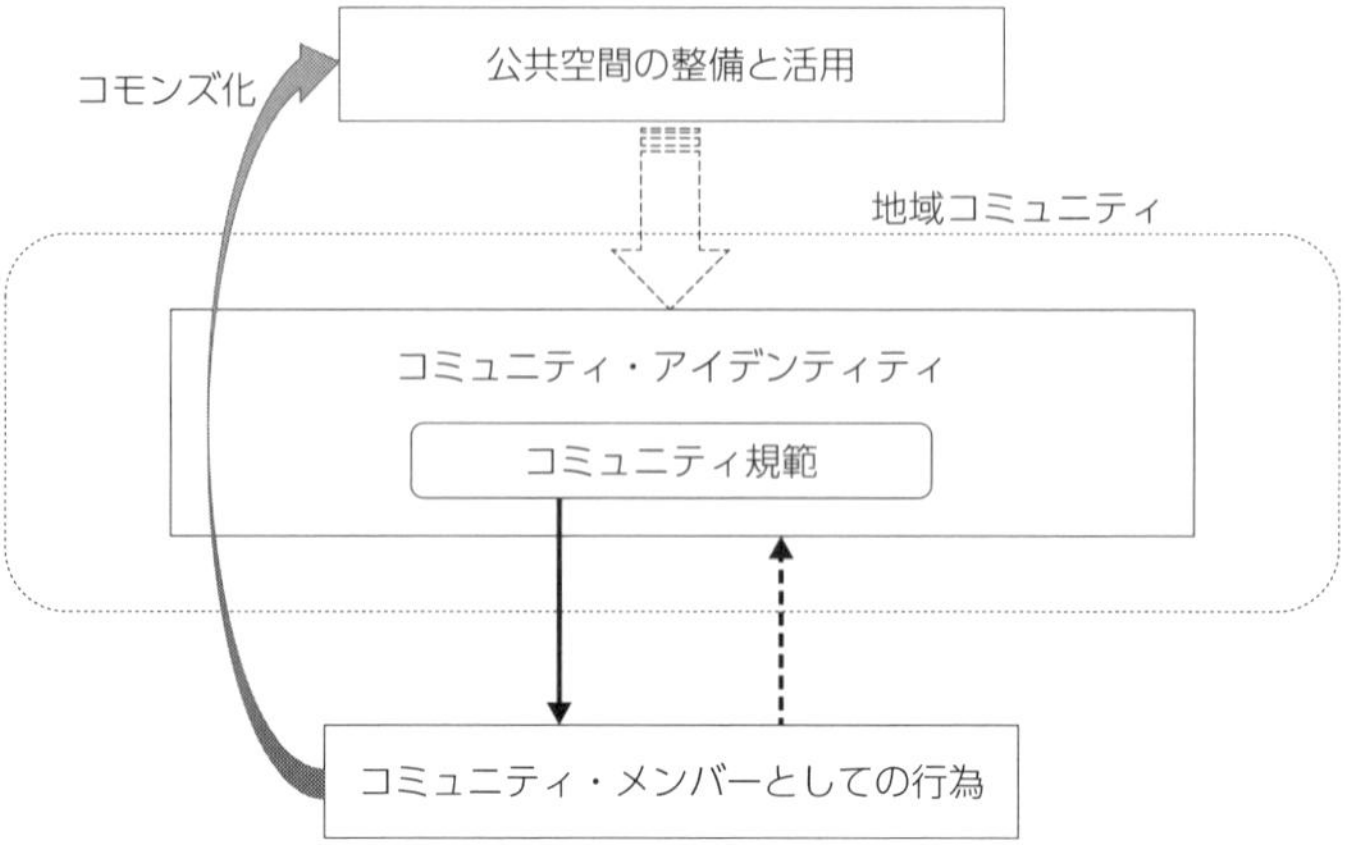

出所：筆者作成。

う。公共施設を含む公共空間をコミュニティの一員として市民が活用することで、コミュニティ・アイデンティティは強まります。それがさらなる公共空間の活用や運営への関心を高めることで、建造物としての公共空間はコモンズとしての性格を一層強くしていくことになります。このようなサイクルが機能することによって、公共空間は市民にとってのかけがえのない場所になっていくといえます。**図表25**の一番左にある曲線の矢印は、コミュニティの人々が公共空間を使って活動することによって、コミュニティとしてのアイデンティティを高めながら、その公共空間のコモンズとしての性格を強めていく状況を示しています。

都城市の中心市街地再生はまだ途上にあります。中心市街地の歩行者通行量などが大きく増えたのは確かですが、その効果は中心市街地全体には広がっていません。具体的には、かつてこのエリアで栄えた商店街の再活性化にはつながっておらず、そこが中心市街地再生の大きな課題として残されています。

また、都城市のこのような取組み自体に対しても、批判的な見方が存在します。それは全体として人口が減少している中で、市域のうち中心市街地に大きく重点をおいた都市政策を行っていることです。都城市の立地適正化計画では周辺部の公共交通網なども計画されていますが、それらも基本的には中心市街地への人の訪問を強く意識したものとなっており、中心市街地以外の住民が不満に感じる面がないとはいえません。

自治体の持つ行財政資源が限られる中で、それをどのように重点的に使っていくかはそれぞれの判断に委ねられます。都城市ではそれを中心市街地再生へ大きく振り向けることになりました。それによって「人と人のつながり」を強化し、都市のシンボルとしての公共空間を整備することを選択しました。それこそが、都市のアイデンティティを取り戻す最重要課題であると考えられたからです。その際には国の都市計画や補助金の制度をうまく活用することで、行財政面における工夫を可能なかぎり実践してきたのも事実です。これらが都城市全体の将来にとってどのように影響するのかは、今後の自治体と市民の力にかかっているといえます。

4　公共施設か民間施設か
―公共空間の確保をめぐって―

人口減少と財政ひっ迫が進む中で、全国の自治体では公共施設の再編・統廃合をめぐる取組みが進められています。公共施設は住民生活のさまざまな側面を支えていることから、それらの廃止によって地域社会が大きく影響を受けることがあります。

公共施設の廃止という場合には、それらを完全になくしてしまうケースもあれば、民間に売却することもあります。後者の場合には、もともとあった公共施設を活用して事業を始めたり、それらを解体してマンションや業務ビルなどの建物を建てたりすることなどがあります。これらは「人と人のつながり」をつくるという観点からみて、どのように評価できるでしょうか。

1　秦野市の公共施設マネジメント

神奈川県秦野市は、日本でもいち早く公共施設の統廃合に取り組んできた自治体です[4]。秦野市が２００９年にまとめた『秦野市公共施設白書』では、公共施設の削減目標を２０１１年度から２０５０年度までの40年間に床面積で31・３％も削減することとしました。これは当時においては非常に急進的な目標であり、その後の秦野市には多くの自治体や国の関係者らが視察に訪れるようになりました。秦野市の取組みを参考にして公共施設の統廃合に取り組んでいった自治体も少なくありません。

秦野市が公共施設マネジメントにおいて示した基本方針には、①原則として、新規の公共施設は建設しない、②既存の公共施設はできるかぎり機能を維持しつつ、優先順位を付けて大幅に圧縮する、③優先度の低い公共施設はすべて統廃合の対象とし、跡地は賃貸・売却によって優先する施設整備のために充てる、④公共施設は一元的なマネジメントを行う、という4つが掲げられます。

この秦野市の基本方針を参考にいくつかの自治体が同様の方針をつくっていきました。それらの中では、秦野市の公共施設マネジメントにおける技術的な面のみが反映されることになり、その最も重要な部分はほとんど看過されることになります。それは上記の基本方針の②および③に関連するものです。このうち②は公共施設の優先順位の決定であり、どの自治体においても行われているものです。しかし、重要なのは形式ではなく内容にあります。

秦野市では最優先で残す施設として、義務教育施設、子育て支援施設、行政事務スペースの3つを掲げました。この中において、義務教育施設つまり学校を挙げている点は意外であるといわざるをえません。秦野市は市域の半分が山林であり、高齢化率も早くから進んでいる農村型の自治体で、当時は公共施設の床面積の54%は小中学校が占めていました。これらの学校の中には児童数の減少から将来廃止されるところは出てくるとしても、秦野市が掲げたような大規模な公共施設の削減方針からみて学校施設を優先的に残すという考え方は矛盾しているようにみえるものです。

ではなぜ、秦野市は学校施設を最優先で残すとしたのでしょうか。それは、秦野市が学校を地域のコミュニティ活動の拠点の場であるとして、学校がなくなれば地域における「人と人のつながり」がなくなってしまうと考えたことによっています。これは秦野市が昭和に6町村の合併によって成立した都市であり、旧町村地域でのコミュニティ活動が学校を中心に現在まで続けられてきたことに関係があります。ここにはコミュニティ・アイデンティティの一つのかたちをみることができます。そして、そこでのコミュニティ活動が学校をコモンズにしているのです。

このような「人と人のつながり」を残すという点は、先ほどの基本方針の③にも強く関わってきます。③の方針は「跡地は賃貸・売却によって優先する施設整備のために充てる」というものでした。これは基本方針①の新規の公共施設の建設はしないという前提を踏まえれば、ここでいう施設整備とは民間施設のことを意味していることがわかります。では、秦野市は跡地を賃貸にするか売却にするかの基準をどのようなものにしているのでしょうか。

秦野市がその基準として重視していたのは、市街化区域にある利便性の高い土地に関しては、売却せずに賃貸にするという点でした。これも意外な方針であるといわざるをえません。なぜなら、市街化区域にある利便性の高い土地ほど高額で売却できる可能性が高く、市にとっては不要な公有地を手放せると同時に売却収入も得ることができるからです。常識的な公共施設マネジメントのありかたとしては、その方が望ましいと考えられるはずです。

このような基準が設定された理由には、秦野市が学校と同じようにコミュニティ＝「人と人のつながり」を重視したことがあります。秦野市は高齢化が急速に進んでいるため、将来にわたって社会福祉法人等による高齢者施設が市内に建設される見通しになっており、それは秦野市にとっても必要なことでした。ところが、一般に社会福祉法人は経済力が脆弱なことから、自治体が何もしなければ地価の安い郊外に施設を建設していくことが明らかでした。そうなれば、高齢者たちは郊外の施設で居住したり滞在したりすることになり、日常的に市街地にはいない状態になります。

秦野市にとって、このような状況は高齢者やその家族、さらにはコミュニティにとって望ましいとは考えられないものでした。秦野市が考えた望ましいコミュニティの状態とは、さまざまな年齢の住民がコミュニケーションを取り合いながら日常を過ごすことができるというものでした。高齢者施設についてもできるかぎり市街地に存在することで、そこに家族や子どもたちが日常的に行き来しながら、多様なコミュニケーションが昼夜問わず行われることが必要であると考えられたのです。そのために、市街化区域にある土地はできるかぎり市が所有者として「優先する施設」＝高齢者施設に貸し出すとしたのです。ここで市が土地の所有権を保持しつづけるというのは重要な点であり、一度民間に売却して所有権を移譲してしまえば、その後にこの土地がどのように使われるかはわからなくなってしまいます。かりに市が高齢者施設を経営する社会福祉法人に土地を売却しても、その法人が将来にわたって同じ土地で高齢者サービスを行いつづけるかどうかはわからないのです。

以上のように、秦野市はコミュニティ＝「人と人のつながり」の観点から、公共施設のマネジメントに取り組んできたことがわかります。公共施設削減に対してはコミュニティ軽視にほかならないという批判が絶えず起こりますが、秦野市の公共施設マネジメントでは自治体財政とコミュニティの持続可能性をともに図っていこうとしたところが重要な教訓となっているのです。

2 堺市の社会福祉法人によるコミュニティ創出

今度は民間の社会福祉法人の公共空間の創出に関する事例から、このテーマについて考えてみたいと思います。

大阪府堺市に「グランドオーク百寿」という特別養護老人ホームがあります。ここは駅前にあったスーパーの跡地に２０１５年から開設されている高齢者施設です。ここを運営するのは民間の社会福祉法人ですが、堺市と協力して地域の人たちがどのような施設を望んでいるのかを開設に先立って調査します。社会福祉法人は、法律上も地域社会や地域住民に対する福祉増進という使命を果たすことが求められています。この調査は施設開設前に住民の声を集めることで、より一層その使命を果たそうとするための取組みでした。

この調査によって明らかになったのは、地域住民の多くが「買い物をするところがほしい」という要望を持っていることでした。ところが、この地域は買い物困難者が発生するようなエリアではないことから、これらの住民の声が意味するところについて検討されることになりました。その結果、これらの要望の意味は「買い物ができなくて困る」ということではなく、「買い物という行為を通じて近隣の住民同士が日常的に交流したい」ということであるという認識に至ります。これは、地域のスーパーが住民の買い物という行為を通じた「人と人のつながり」＝コミュニティの空間を提供していたと解釈できるものです。商店街やスーパーといった商業空間も、そこで人々がどのように行為するかによって、それらがコモンズとなりうることを示唆しています。

この調査の検討結果を踏まえて、社会福祉法人は施設のエントランス部分に日常的な買い物ができるショップを開設し、そこの経営も地元の住民に委託します。さらに、同じフロアの大部分を施設の住民や地域の住民らが交流するためのカフェにすることで、施設の重要な場所を交流スペースにしました。このカフェには施設に住む高齢者やその家族、そして地域の住民たちが日常的に集い、実際にもさまざまな交流が繰り広げられています。例えば母親と一緒にカフェに来る子どもたちが施設に入居する高齢者と仲良くなり、上階にある居住スペースで多くの高齢者に遊んでもらうといった交流が生まれ、それがここを地域のコミュニティ空間にしています。これは、当初は想定されていなかった「人と人のつながり」のための公共空間として、民間の高齢者施設が建設・運営された事例にほかなりません。

しかし、ここでは先ほどの秦野市の公共施設マネジメントの教訓を想起することも重要です。グランドオーク百寿のケースは、民間の社会福祉法人が堺市と共にこの地域での「人と人のつながり」の重要性を認識し、それを実際に施設の建設・運営に取り入れた事例です。しかし、そのような認識がなければ、たとえ同じような高齢者施設が建設されたとしても、地域住民とはまったく無関係なものとなっていたかもしれません。また、このケースでも所有者は民間であることから、将来的にこの場所が他の民間企業等に売却されることで別の事業が行われる建物に変わってしまうかもしれません。グランドオーク百寿のような優れたコミュニティづくりのケースにおいても、この点は留意されなければならないものです。

にもかかわらず、今後はこのような民間事業者による「人と人のつながり」を創出していく取組みが社会的に求められなければなりません。自治体の力だけでそれを進めることは不可能だからです。民間事業者の中でもそのような意識が高まっているのは間違いなく、スーパーが地域住民の交流スペースとして売り場の代わりにイートインコーナーを設置する事例などもみられるようになりました。

しかし、その場合でも自治体による関与の役割は大きく、そこに「人と人のつながり」を政策の役割として内面化した自治体の本領が発揮されるべきだといえます。

5　コモンズとしての公共施設の整備・運営

公共・民間を問わず、施設や空間には「人と人のつながり」をつくり出すコモンズとして機能する潜在的な機能が備わっています。とくに公共施設や公共空間にはそれが本質的な役割として期待されるようになりました。

ところが、これまでの公共施設では、「人と人のつながり」や人々がそれらを共同で支えるコモンズとしての性格の重要性は看過されてきました。公共施設はあくまで個人を対象とした公共サービスに必要なハコモノとして位置づけられ、その空間で繰り広げられる人々のコミュニケーションの重要性は政策課題としては意味を持たないものでした。

しかし、社会に広がる孤立や孤独を重大な社会問題であると捉えれば、ハコモノは「人と人のつながり」を生み出すための重要なコモンズとして再評価して位置づけられなければなりません。自治体は人々が豊かなコミュニケーションを展開するための装置としての公共施設を整備・運営することが求められるようになっています。これらの公共施設を住民が自ら主体的に活用していくことによって、そのコモンズとしての性格は一層強くなっていくことになります。逆に「人と人のつながり」を通じた人々のコミュニケーションの拡充を果たせない公共施設は、自動車の走らない道路のようなものだといえるかもしれません。それほどの強い役割が公共施設の整備・運営において重要になってきているのは確かだといえます。

「人と人のつながり」が活性化するためには、人々が共通に持っているアイデンティティの源である「歴史」や「記憶」を大切にすることが求められます。とくに公共施設や公共空間は構造物としてそれらを可視化できるものであり、これをうまく活用することが今後の自治体政策において重視される必要があります。しかも、それらは長い年月にわたって永続して存在するものです。

公共施設の再編・統廃合は都市構造そのものを変貌させるほどの重大な自治体の意思決定をともないます。そこにおいては、「人と人のつながり」という新しい政策課題を内包した包括的な判断が不可欠となっているのです。

注

1　都城市の以下の記述については、主に次の論文を参考にしています。横山哲英（２０１８年）「既存ストックを活用したまちなか再生の取組」『九州技報』63号。

2　Think 都城（２０２３年）「『Mallmall』誕生の軌跡［後編］」（https://think-miyakonojo.jp/article/5496/）。

3　ここでいう集客施設には、公共施設、合同庁舎、医療機関、寺社などが含まれています。

4　秦野市の公共施設マネジメントについては、森裕之（２０１６年）『公共施設の再編を問う』（自治体研究社）の第4章において紹介しています。また、当時から秦野市の公共施設マネジメントに取り組んできた担当職員がそれを元にまとめた本として、志村高史（２０２０年）『自治体の公共施設マネジメント担当になったら読む本』（学陽書房）があります。

第8章　「人と人のつながり」を支える地方財源
―地方創生に焦点を当てて―

1　自治体の財政運営と地方財源

これまでの各章では、主に地方自治体の公共サービスや公共事業という歳出面にみられる「人と人のつながり」の分野についてみてきました。これらの自治体の財政支出にみられた変化は、それぞれが直面する地域課題への取組みの必要から独自に展開されてきたものばかりです。しかし、地方財政を支える国の財源措置においても、「人と人のつながり」を重視した仕組みが導入されてきています。

第6章では、重層的支援体制整備事業のために国が既存の福祉分野別の補助金を統合した交付金について紹介しました。これは高齢、障害、子ども、生活困窮の各分野が別々に進めていたコミュニティづくりのための補助事業を一つにまとめたものでした。子ども分野についていえば、「地域子育て支援拠点事業」がこれに当たります。この事業は、子育てにともなう孤立をなくし、子どもが多様な大人や子ども同士とのつながりを持つという課題に取り組むものとして進められてきたものです。そのために、公共施設や保育所などの地域の身近な場所で地域子育て拠点を設置し、子育て中の親子や多様な世代の交流をはかっていくことが支援されてきました。これは補助金改革を通じた「人と人のつながり」をつくっていくための財源措置の一つですが、自治体にとってもっと重要なのは一般財源（地方税、地方交付税等）の充実に基づく取組みです。なぜなら、自治体が自分たちの地域において「人と人のつながり」をつくっていく上では、使途自由な一般財源を地域住民の実情に合ったかたちで創造的に活用していくことに成否がかかっているからです。

自治体の財政運営の大枠は、国による地方財源の保障を通じて決まります。[1]国は毎年度策定する地方財政計画を通じて、地方財政全体に対する地方交付税、国庫支出金（補助金）、地方債などの財源措置を行い、自治体はそれらを自分たちの独自財源である地方税と組み合わせて歳出のあり方を決めます。その際に自治体は、自らの地方税と地方交付税等の一般財源の総額を確認し、これらの一般財源の使途のあり方を国庫支出金や地方債などの特定財源の内容をみて決定していくという財政運営を行っています。

自治体の一般財源の使途は、国庫支出金や地方債のような特定財源の措置に引き寄せられる傾向があります。とくに国庫支出金の場合には、当該事業の必要性の精査がなされないまま、補助率でカバーされない残りの裏負担分に対して一般財源が優先的に割り当てられてしまいがちです。とはいえ、これも自治体の一般財源に余裕がなければ実現されないため、国は国庫支出金を通じた施策誘導のために、一般財源の保障を一定程度は行わなければならなくなります。

自治体の主な一般財源である地方税と地方交付税のうちで、国による財源保障に関わるのは地方交付税の方です。国は各自治体の標準的な財政需要を測る基準財政需要額を算定し、それと標準的な地方税収入額の75％にあたる基準財政収入額との差額を地方交付税（普通交付税）等として配分します。この基準財政需要額はさまざまな行政項目別の財政需要の積み上げによって算定されています。

各行政項目の財政需要の算定に際して用いられる測定単位は、「人口」に関連するものが大部分を占めています。これは、自治体の公共サービス等の需要が人口に連動して増減することに基づくものです。この「人口」という測定単位は、住民（個人）に対する公共サービス等が念頭におかれています。なぜなら、地方共有の財源である地方交付税の配分を公正に行うためには厳密な基準に依拠するのが当然であり、その観点から個人に対する財政需要を配分基準として想定するのは理に適っているからです。

近年の基準財政需要額においては、測定単位は「人口」に置きつつも、個人を超えた「人と人のつながり」に関連する行政項目が地方財源を支える役割を果たしてきました。これは政治を通じた地方財源確保の方便としての側面もありますが、それだけではなく政策的な方向の一つとして「人と人のつながり」を重視していくことを示してきたものでした。ただし、これは地方交付税の配分のための積算根拠というだけであり、それによって確保された地方交付税等の一般財源の使い方は、あくまで自治体が自由に決定するべきものです。これまでの各章で紹介してきた自治体では、この一般財源を能動的に用いて「人と人のつながり」をそれぞれの分野で築いてきたわけです。

以下では、近年の地方財源の変化を引き起こしている「人と人のつながり」の側面についてみていくことにします。これは個別の補助金改革などの変化からも捉えることができますが、以下では近年の地方財政措置として最も大きな役割を果たしてきた地方創生に焦点を当てた考察をしていきたいと思います。

2　地方創生をめぐる財源措置

地方創生に関する財源措置はさまざまな方策を通じて行われてきました。ここではそれらを各財源の区分に基づいてみていきたいと思います。その際に最も重要となるのは一般財源を通じた地方創生への財源措置です。現実にもこれが近年の地方自治体の財政を支える役割を果たしてきました。その一方で、これがいま大きな岐路に立たされています。この点については本章の最後に述べたいと思います。

1　一般財源

2014年から始まった地方創生（まち・ひと・しごと創生）は人口減少の緩和を最大の目的とし、そのための手段として東京一極集中の是正をはかる地域経済の発展を掲げてきました。2060年度を視野に入れた長期ビジョンとして「人口減少問題の克服」と「成長力の確保」という二つを設定し、それを実現するために、①地方における安定した雇用を創出する、②地方への新しいひとの流れをつくる、③若い世代の結婚・出産・子育ての希望をかなえる、④時代に合った地域をつくり、安心なくらしを守るとともに、地域と地域を連携する、という4つの基本目標を挙げました。その後、文言や内容は修正されつつも、これらの基本目標は継続されてきています。地方創生は2023年度からデジタル田園都市国家構想として、地方創生が取り組む社会課題の解決をデジタル技術の実装を通じて実現していくという枠組みへと拡充されています。

地方自治体がこれらの基本目標に向けた取組みを行うためには、国による財源措置が必要となります。そのため、国は自治体の一般財源確保のために基準財政需要額の行政項目として、2015年度から「まち・ひと・しごと創生事業費」を設定します（2023年度以降は「地方創生推進費」に名称変更されています）。まち・ひと・しごと創生事業費はさらに「地域の元気創造事業費」と「人口減少等特別対策事業費」という二つの行政項目によって構成されています。

まち・ひと・しごと創生事業費は毎年度1兆円の規模で措置されてきました。これがどれぐらいの比重になるのかというと、例えば2015年度の基準財政需要額は約46兆円でしたので、そこからみればさほど大きくないように映るかもしれません。しかし、基準財政需要額はあくまで地方税と地方交付税等を合わせた金額に相当しますので、地方税が豊富な財政力の高い自治体への財源措置としては割り引いて考えることが必要です。そこで同じ2015年度における地方交付税（普通交付税）の金額だけをみれば約16兆円であり、まち・ひと・しごと創生事業費の1兆円という金額はその中で一定の比重を持ってきたことがわかります。とくに人口減少が進む自治体においては基準財政需要額が小さくなっていくことから、このような政策的な行政項目の設定を通じて基準財政需要額がかさ上げされてきた効果には大きなものがありました。

まち・ひと・しごと創生事業費のほかにも、地方創生のための一般財源の措置は行われてきています。2020年度に創設された「地域社会再生事業費」はその一つであり、これは「地方創生を推進するための基盤ともなる地域社会の持続可能性を確保する」ことを目的とする基準財政需要額の行政項目です。地域社会再生事業費はこれまで毎年度4200億円の規模で基準財政需要額を通じて措置されてきています。その大きさは、まち・ひと・しごと事業費の4割を超える規模であり、これも地方税が潤沢ではない自治体にとっては重要なものでした。

この地域社会再生事業費がまち・ひと・しごと創生事業費との関係において持ってきた意味については、次のようにまとめることができます。まち・ひと・しごと創生事業費を構成している地域の元気創造事業費は「行革努力分」と「地域経済活性化分」、人口減少等特別対策事業費は「取組の必要度」と「取組の成果」にそれぞれ分けた上で、全体としての財源が措置されてきました。地域の元気創造事業費の中の「行革努力分」は自治体の給与水準を表すラスパイレス指数や職員数削減率など、また人口減少等特別対策事業費の中の「取組の必要度」は転出者人口比率の相対的多さなど、一般的には財政力の低い自治体ほど財源措置される項目となっています。これに対して、残りの「地域経済活性化分」と「取組の成果」は財政力の高い自治体ほど有利なものです。このことは、まち・ひと・しごと創生事業費による財源措置が都市と農村の間で格差を発生させないことを考慮したものにほかなりません。地方創生は人口増加や地域経済成長を目指すものであり、そこからいえば都市自治体に多くの財源を振り向けるのが当然です。しかし、農村自治体等にはそのための地域資源が少ないため、地方創生の実現が構造的に困難であるという問題があります。そのため、国は地方交付税措置のあり方によって地域間格差を発生させないために、農村自治体等で実現しやすい指標を導入することになったわけです。しかし、まち・ひと・しごと創生事業費の配分はその後に成果指標の方へシフトされていったことから、農村自治体等に対する別の財源を措置する必要に迫られることになりました。そのために創設されたのが地域社会再生事業費にほかなりません。

これ以外にも、「人と人のつながり」に強い関わりを持つ一般財源の措置が行われています。それが２０１６年度から重点課題対応分として毎年度５００億円が普通交付税として配分されてきた「高齢者の生活支援等の地域のくらしを支える仕組みづくりの推進」です。これはまち・ひと・しごと創生事業費とは異なる基準財政需要額の行政項目である「地域振興費」の中において、地方交付税の配分額を上乗せするために補正係数を掛けて増額するというものです。このほかにも、「人と人のつながり」に関連する経費が普通交付税や特別交付税を通じて財源措置されてきています。

地方創生や地域社会再生のための財源措置のすべてが、「人と人のつながり」を目的としているものではありません。例えば、地方創生では若者の雇用や子育てなどが重視されてきましたが、これらは「人と人のつながり」とは直接的な関係がないものです。しかし、「関係人口の創出」や「小さな拠点・地域運営組織の形成」といった項目は、「人と人のつながり」と密接に関係してくるものです。地域運営組織については、「住民共助による見守り・交流の場や居場所づくり等への支援」として、交流事業やこども食堂などの「人と人のつながり」のための施策に地方交付税が措置されてきました。また、地方創生の第2期（2020年度～2024年度）において新たな視点として掲げられた「誰もが活躍できる地域社会をつくる」では、「女性、高齢者、障害者、外国人など誰もが居場所と役割を持ち、活躍できる地域社会」の実現を推進することが重点的施策として示されました。この内容は、地域共生社会をはじめとした「人と人のつながり」のための政策と軌を一にするものにほかなりません。

2　国庫支出金（補助金）

地方創生に対する財源措置は、一般財源のみならずさまざまな補助金によっても行われてきました。以下では、これらを地方創生関係交付金とよぶことにします。

地方創生関係交付金には、「地方創生先行型交付金」「地方創生加速化交付金」「地方創生拠点整備

交付金」などいくつかの種類がありましたが、その中で最大のものは「地方創生推進交付金」であり、毎年度1000億円規模の財源が措置されてきました。地方創生推進交付金の補助率は2分の1であり、残りの裏負担についてはまち・ひと・しごと創生事業費をはじめとする種々の一般財源への地方財政措置で対応することが、国の財政全体のスキームとなってきました。

地方創生推進交付金も「人と人のつながり」を目指す取組みだけに対する補助金ではありません。しかし、そこで重視されてきた取組み内容として「小さな拠点」や「商店街活性化」など「人と人のつながり」と強い関係のある施策が掲げられており、国は補助金を通じてもコミュニティづくりの支援を進めてきたことがわかります。

地方創生関係交付金の一つである地方創生拠点整備交付金についても触れておきたいと思います。地方創生拠点整備交付金は、当初は単独の補助金として最大で900億円の規模で措置されてきました。これは地方創生に資する施設整備のための補助金であり、ハード事業が対象になるものです。この裏負担分に対しても一般財源の充当が必要であり、それにもまち・ひと・しごと創生事業費等の地方財政措置が機能してきました。

地方創生の基本目標の一つであった「時代に合った地域」づくりとは、具体的には人口減少に合わせたまちづくりを行うことを意味しています。そのため、立地適正化計画や公共施設等総合管理計画との連携が求められ、それが地方創生拠点整備交付金の配分においても重視されてきました。これを地方創生の持つ「人と人のつながり」をつくるという側面と関連づけてみれば、コンパクトシティ形成や公共施設再編においてもコミュニティづくりを重視したものにすることが求められてきたと解釈できます。

3　地方債

地方創生では立地適正化計画（コンパクトシティ）や小さな拠点（コンパクトヴィレッジ）というかたちで都市の縮小が一つの柱として位置づけられています。公共施設の再編はこれと一体的なものであり、その財源措置の中心である地方債においても地方創生の取組みが反映しています。

国は２０１４年度に地方自治体に対して公共施設等総合管理計画の策定を求めます。これは人口減少に合わせた公共施設の削減等を目指すもので、国は公共施設の集約化・複合化、転用、長寿命化、立地適正化事業などに対する地方債措置とその元利償還金の一部に対する交付税措置を行ってきました。この地方債は名称変更が繰り返されてきており、現在は「公共施設等適正管理推進事業債」と呼ばれています。その規模は２０１５年度の１０００億円から近年の５８００億円にまで一気に膨らんできました。

公共施設等適正管理推進事業債の財源措置は**図表26**にまとめられています。いくつかの対象事業がありますが、公共施設等を統廃合する集約化・複合化事業についてみれば、対象となる事業費の90％に地方債を充当することができ、そのうちの50％は後年度に国から地方交付税が配分されます。そのため、自治体からすれば事業費全体の55％の負担で公共施設等の統廃合を行うことができること

図表26　公共施設等適正管理推進事業債の対象事業と財源措置

<table>
<tr><th rowspan="2">対象事業</th><th colspan="2">財源措置</th></tr>
<tr><th>地方債充当率</th><th>交付税措置率</th></tr>
<tr><td>①集約化・複合化事業</td><td rowspan="7">90%</td><td>50%</td></tr>
<tr><td>②長寿命化事業</td><td rowspan="5">財政力等に応じて
30～50%</td></tr>
<tr><td>③転用事業</td></tr>
<tr><td>④立地適正化事業</td></tr>
<tr><td>⑤ユニバーサルデザイン化事業</td></tr>
<tr><td>⑥脱炭素化事業</td></tr>
<tr><td>⑦除却事業</td><td>なし</td></tr>
</table>

出所：総務省資料より作成。

になります。これは財政的には補助金と同じ効果を持つものです。なお、２０２３年度からは公共施設等適正管理推進事業債のうち１０００億円分は「脱炭素化推進事業債」として別扱いとされています。

この公共施設等適正管理推進事業債の活用においても、地方自治体は「人と人のつながり」を考慮せざるをえなくなってきています。これは公共施設等適正管理推進事業債の中のメニューにある立地適正化事業にとどまらず、公共施設の集約化・複合化や長寿命化などあらゆる面に及んでいます。それは公共施設が「人と人のつながり」＝コミュニティと不可分の関係にあるからにほかなりません。

この点はとくに学校施設においてみられます。しかも、学校施設は自治体の公共施設の中で最も大きな比重を占めるものです[2]。これは学校が歴史的にそれぞれのコミュニティの中に組み込まれてきたものであり、コミュニティの維持を考えた場合には廃止や統合が容易にできないことを物語っています。広井良典らが行った「地域コミュニティ政策に関するアンケート調査」でも、「『コミュニティの中心』として特に重要な場所」として最も多かったのは「学校」でした。[3] この点については、各自治体においても共通して認識されているものだといえます。第7章でみた秦野市が小学校区を最も重要なコミュニティの単位と位置づけ、既存の小学校区を統廃合しない公共施設マネジメントを進めてきているのはその一つの事例です。

このことは逆にいえば、学校の統廃合を図ろうとすれば、必然的にコミュニティを強化する方策とセットで考えなければならないことを示唆しています。２０１５年に取りまとめられた中央教育審議会答申『新しい時代の教育と地方創生の実現に向けた学校と地域の連携・協働の在り方と今後の推進方策について』では、地方創生の観点から学校を核とした地域づくりの推進を図っていくために、地域住民や保護者らが取り組む学校運営協議会を設置するコミュニティ・スクールの推進を提言しました。愛知県瀬戸市は、このコミュニティ・スクールの設置を通じて一度頓挫した5つの小学校と2つの中学校の統合による小中一貫校を開校し、その中で地域住民らが地域づくり、学習支援、登下校時の見守りなどを実施しています。コミュニティ・スクールの評価については教育専門家から賛否両論がありますが、学校のあり方を考える際にはそれを取り巻くコミュニティのあり方とセットでなければならないことは確かだといえます。

このようなコミュニティと学校との関係は公共施設に広く当てはまるものです。それは単に個人や家族が集まっただけの「近所」ではなく、「人と人のつながり」によってつくりだされるコミュニティの基盤としての公共施設の役割を示すものです。公共施設の再編が公共施設等適正管理事業債のような財源措置にもかかわらず進んでいないのは、このコミュニティの存在が大きく関わっているのは間違いありません。

3　地方創生と地域運営組織

1　地域運営組織の広がり

地方創生はその中に「人と人のつながり」をつくることを目標の一部として持つものでした。それが最もわかりやすいかたちで打ち出されてきたのが地域運営組織の設置と運営です。ここでいう地域運営組織とは、既存の自治会、ＰＴＡ、社会福祉協議会などが関わる協議体であり、そこで共有された地域課題に対して直接・間接に取り組む組織と定義されるものです。地域運営組織の活動内容は、住民交流事業、居場所づくり、買い物等の生活支援などの「共助的活動」であることが条件とされています。

地域運営組織は、生活支援、高齢者福祉、子育て支援、地域産業、財産管理など、住民の暮らしに関わるさまざまな地域課題の解決に向けた取組みを持続的に実践する組織として位置づけられています。国は「まち・ひと・しごと創生総合戦略」における目標値として、第1期（2015年度～2019年度）では2020年時点の地域運営組織数を5000団体、第2期（2020年度～2024年度）では7000団体と設定しました。現実にはこの目標値を上回る地域運営組織が形

図表 27　地域運営組織の推移

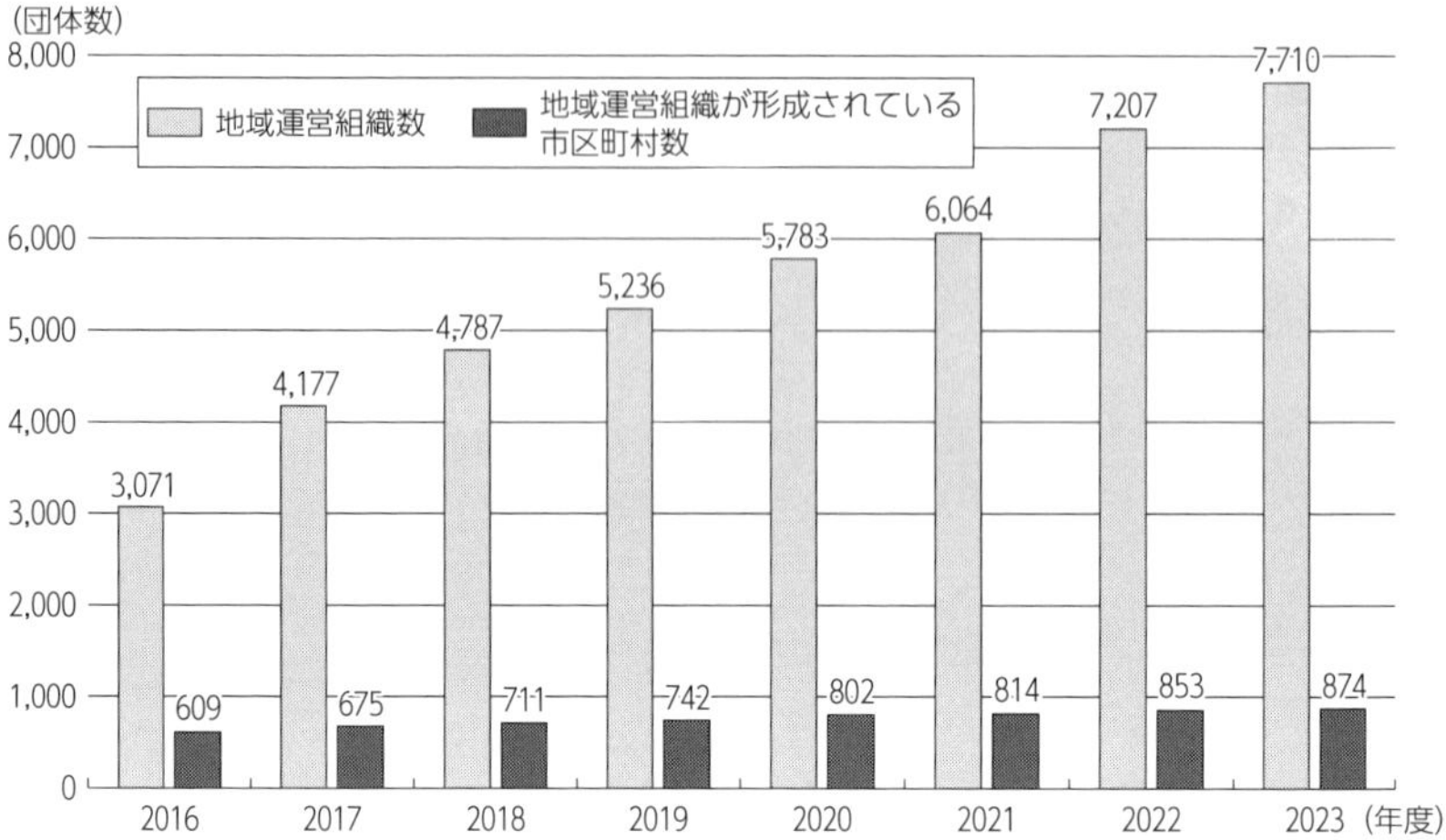

出所：総務省資料より作成。

成されてきています（図表27）。これには自治体からの設置の働きかけも寄与していますが、より重要な点は「人と人のつながり」の強化を通じた生活課題への対応の必要性という状況が全国的に広がっていたことにあります。

国による地域運営組織の運営支援のための財源については、直接的には上記の「高齢者の生活支援等の地域のくらしを支える仕組みづくりの推進」のための地方交付税措置を通じて行われてきました。しかし、地域運営組織を含む広範な地方創生のための一般財源措置としては、まち・ひと・しごと創生事業費や地域社会再生事業費がその機能を担っています。これらの費目を含めた一般財源を全体としてどれだけ地域運営組織に振り向けていくかは、各自治体の裁量に委ねられているものです。

2　地域運営組織の特徴

地域運営組織の状況に関しては、総務省が毎年度報告書としてまとめています。以下では、2024年にまとめられた『令和5年度　地域運営組織の形成及び持続的な運営に関する調査研究事業報告書』（以下、『報告書』）から、地域運営組織の主な特徴についてみていきたいと思います。[4]なお、ここでは自治体という言葉を市区町村の意味で使っています。

まず、地域運営組織が存在する自治体は約半数に上っており、そのうち市・特別区と町村の割合はほぼ半々となっています。このことは、地域運営組織が農村だけでなく都市にも広く存在していることを示しています。地域運営組織の活動範囲はほとんどが小学校区（旧小学校区）以下の狭い地域となっています。

地域運営組織が取り組んでいる地域課題の中で最も多いのは「住民交流」となっています。住民生活に直結する高齢者支援や子育て支援なども地域運営組織の重要な活動分野になっており、これらにも住民同士のつながりをつくる役割があります。その意味では、「住民交流」の範囲はさらに大きいといえます。つまり、地域運営組織は地域住民に対する直接的・具体的なサービスにとどまらず、「人と人のつながり」をつくることを最大の社会課題として認識していることがわかります。このことは、地域に広がる孤立の問題が広く共有されていることを示唆するものです。

この点は自治体の考え方とも合致しています。自治体が「地域運営組織に取組を期待する地域課題の分野」として挙げている中で最も多いのも「住民交流」となっています。また、自治体が住民交流の次に挙げているのが「高齢者等の生活支援」であり、これも住民交流を含意した活動分野であるといえます。地域運営組織も自治体も共に、「人と人のつながり」を強める必要性を共有している状況がみてとれます。

それでは、地域運営組織と自治体の財政運営との関係はどうなっているのでしょうか。地域運営組織の主な収入源（第1位から第5位までの複数回答）をみれば、圧倒的に多いのが「市区町村からの助成金・交付金等」で84・5％を占めています。その他にも、「公的施設の指定管理料」（12・9％）や「市区町村からの受託事業収入」（13・2％）など、さまざまなルートを通じた自治体の財政支出によって地域運営組織の収入が支えられていることがわかります。また、自治体が地域運営組織の活動に対して実施している支援策のうち、直接の財政支出をともなわないもの（非財政的支援）をみれば、「活動場所としての公共施設の貸出等」が最も多くなっています。そして、地域運営組織の活動拠点の中では「使用中の自治体所有施設（地区公民館、図書館、ホール、小学校、庁舎等）」が全体の6割以上を占めています。これに遊休している公共施設を加えると、約3分の2の地域運営組織が公共施設を使って活動していることがわかります。これは自治体の公共施設再編を考える上でも重要な点であり、コミュニティづくりを含めた公共施設のあり方が求められていることがここにもあらわれています。これ以外にも、自治体による人材派遣のようなさまざまなソフト事業が非財政的支援として行われています。

最後に、地域運営組織を継続的に支援していく上での課題として、自治体の半数以上が挙げているのが「地域の担い手人材の育成」と「活動支援に必要な予算確保」です。前者は人口減少・高齢化の中での制約という面もありますが、後者はまさに自治体の財政上の課題であるといえます。また『報告書』の中の同じような質問項目で、地域運営組織の継続的運営を確保するために必要のある支援として、自治体の約半数が「助成金等の活動支援資金」を挙げており、他の支援策の中で最も多くなっています。その他にも「活動拠点施設の提供」などの非財政的支援を挙げる自治体も多く、地域運営組織が持続していくためには自治体による直接的・間接的な財政負担が今後も欠かせないことが示されています。

3　地域運営組織からみた一般財源

まち・ひと・しごと推進事業費（地方創生推進費）や地域社会再生事業費などは、各自治体で地方創生の取組みを実践していく上で必要な一般財源として措置されてきました。地域運営組織では、自治体の多くはそれらの財源を助成金・交付金等の支出や公共施設の貸出などのかたちで活用していることがわかります。地域運営組織に求められている地域課題の最大のものが「住民交流」であり、これは地方創生という政策目標の中の一部として組み込まれた「人と人のつながり」を図っていくために進められてきたものです。地域運営組織を通じた取組みだけでなく、さまざまな「人と人のつながり」をつくるための施策が各自治体で進められていることは、これまでの各章で取り上げてきた諸分野の実践からも明らかです。

しかし、地域運営組織の事例にもみられるように、「人と人のつながり」のための取組みを持続させていくためには、自治体の財源確保が不可欠となっています。とくに、「人と人のつながり」という抽象的な目的を実現するための施策は多様であることから、自治体が自由に使える一般財源の確保が決定的な重要性を持っています。地方創生はそれを含めた国全体の政策方針であり、地方自治体に対しては地方創生の名のもとに巨額の地方財源が措置されてきました。

ただし、「人と人のつながり」のための施策を展開していくには、自治体の側に一般財源等を使いこなすだけの意志と能力が備わっていることが前提となります。この条件がなければ、地方財源は「人と人のつながり」のためにはうまく機能せず、従来からあるような個人をベースとした施策へ流れていくことになります。地域運営組織に対しても、それを単に行政の下請けや地域の困り事の受け皿のような消極的な意味しか見出せなくなってしまいます。

「人と人のつながり」が国全体としての大きな目標として今後取り組まれていくかどうかは、まさに自治体側の行財政の実践にかかっているところが大きいものです。もし自治体がそれを十分な説得性を持って展開していくことができなければ、人口減少の中で国による地方財政措置は制度上も政策上も大きく削減されていくことは必至だといえます。地域運営組織をはじめ、「人と人のつながり」を主要な目的としたコミュニティの実践を自治体が適切に財政支援していくことは、これからの地域社会の未来の明暗を分けるものになります。

4　地方財源と地方自治

「人と人のつながり」をつくるための財源として、使途自由な一般財源の持つ重要性は明らかです。これを具体的にどう活用するかは自治体の判断に委ねられており、そこに各自治体の見識が問われることになります。地方創生をはじめとする政策方針のために措置された一般財源を漫然と支出する自治体もあれば、屁理屈をこねて浪費的な事業に費やす自治体もあります。一般財源の使い方に絶対的な正否の基準を与えることはできませんので、それを判断するのは当該自治体でしかありません。そこに自治体の能力や品位があらわれることになります。

本章では「人と人のつながり」を内包した地方創生をめぐる一般財源等についてみてきましたが、この地方創生がいま大きな岐路に立っています。内閣府は2024年6月に『地方創生10年の取組と今後の推進方向』をとりまとめています[5]。この中では、これまでの地方創生の取組みでは人口減少や東京一極集中は変えられておらず、個別自治体での人口増加も他の自治体の人口を奪ったに過ぎなかったと総括されています。また、内閣府は「小さな拠点」の形成や地域コミュニティの強化など「人と人のつながり」に関連する施策を進める必要があるとはしていますが、地方創生の焦点はあくまで人口減少問題として位置づけています。「人と人のつながり」は人口増加ができない自治体が行うべき「敗戦処理」のような雰囲気さえ漂わせています。

このような地方創生の総括を受けて、国がこれをどのように扱っていくのかは今後の政治によります。しかし、内閣府による総括からみれば、地方創生のための財源は大きく削られていくことにならざるをえません。地方創生を人口増加のための手段として位置づけるのであれば、それに対して微力しか持ち得ない大部分の自治体への財源配分は無駄でしかないからです。

地方創生のための一般財源として措置されてきたまち・ひと・しごと推進事業費（地方創生推進費）は、2023年度から地域社会デジタル社会推進費と合算されるかたちで新たに「デジタル田園都市国家構想事業費」として1兆2500億円（地方創生推進費1兆円、地域社会デジタル社会推進費2500億円）が計上されてきています。これだけをみれば、地方創生に関わる一般財源措置は以前から変化がありません。しかし問題は、人口増加のための「地方創生」とデジタル化のための「デジタル社会推進」は相互に直接的関係のない施策であり、それを合わせることで両者の成果に応じた予算配分が進められる可能性がある点にあります。これは、まち・ひと・しごと創生事業費の中の予算配分が徐々に「成果」の方へシフトしていったことと同じ論理です。地方創生の目的としての人口増加が実現できなければ、そこへの予算は経済成長と人口減少を支えるデジタル化のための政策にシフトされていくのが当然です。2024年の「骨太の方針」でも最大の危機感を持っているのは労働力人口の減少であり、そこからみてもデジタル化は国を挙げての一大政策分野になっていくことが予想されます。それは、国が地方全体を対象とした人口増加のための地方創生への財源措置をとり続けることの終焉と、人口増加が期待できる自治体への重点的な予算配分を招来するでしょう。

地方への一般財源の削減は地方創生には限られません。財務省は、まち・ひと・しごと創生事業費や地域社会再生事業費をはじめとする地方財政計画上の「枠計上経費」（補助金等の裏負担分として明確でない一般財源）を縮減していくべきことを非常に強いトーンで繰り返し主張しています。ここでいう枠計上経費とは、自治体が国の補助金に縛られないで実施する単独事業のための財源措置であり、これが削減されることで自治体は独自の創造的な施策を展開することが困難になります。このような枠計上経費は人口増加と経済成長が期待できる都市自治体に重点的に措置されていき、そうでない自治体の財政はさらに厳しさを増していくことが想定されます。

しかし、自治体の本来的な役割は人口増加や経済成長にあるのではありません。それは住民福祉を増進させることにあり、そこへ向けて公共サービス等を実施していくことが最も重要な自治体の役割にほかなりません。住民の幸福にとって「人と人のつながり」が重大な要素である以上、自治体はそのための施策を展開していくことが求められているはずです。地方創生の目的として「人と人のつながり」を国の政策の表舞台へと引き上げていかなければなりません。

全国の自治体は「人と人のつながり」という目的に対して、創造的な実践を通じてさまざまな成果をつくっていき、それを国に認めさせていく必要があります。それ以外には、国が「人と人のつながり」のような曖昧な政策に対する財政措置をこれまでのように行っていくとは考えられないからです。

人口減少と経済停滞にあえぐ日本全体にとって、人々が幸福に生きていけるための「人と人のつながり」を展開していくことが自治体にとってのきわめて重大な使命となっています。それを内包した地方創生では、「人と人のつながり」に対する地方自治の創造的な取組みが求められていると捉えるべきだといえるのです。

注

1　以下の地方財政の仕組みや自治体の財政運営に関しては、森裕之（2020年）『市民と議員のための自治体財政』（自治体研究社）の中でわかりやすく説明しています。

2　2014年度時点での市町村の主な公共施設の延床面積の割合をみれば、小学校27・8％、中学校17・0％となっており、これらで全体の45％を占めています。内閣府（2017年）『公共施設等改革の経済・財政効果分析』2頁。

3　広井良典（2010年）「コミュニティとは何か」広井良典・小林正弥編著『コミュニティ』勁草書房、24〜25頁。ちなみに、『コミュニティの中心』として特に重要な場所」として「学校」に次いで大きいのは「福祉・医療関連施設」、「公民館」となっています。

4　以下の記述は、総務省地域力創造グループ地域振興室（2024年）『令和5年度　地域運営組織の形成及び持続的な運営に関する調査研究事業報告書』のデータに基づいています。

5　内閣官房デジタル田園都市国家構想実現会議事務局・内閣府地方創生推進事務局（2024年）『地方創生10年の取組と今後の推進方向』。

終章　「人と人のつながり」の地方財政論

1　新しい地方財政の変化

これまでの各章では、「人と人のつながり」が重大な社会課題となっている状況、「人と人のつながり」を自治体政策として根拠づける財政理論、日本で展開されている各分野における「人と人のつながり」づくりの実践、「人と人のつながり」を支える地方財源についてみてきました。これらを通じて、日本の地方財政において「人と人のつながり」をめぐる重要な変化が生まれてきていることがわかっていただけたと思います。

その一方で、自治体の現場では「人と人のつながり」の政策上の位置づけがまだまだ小さいといわざるをえません。とくに、ＥＢＰＭ（Evidence Based Policy Making、証拠に基づく政策立案）などといって、自治体政策のあらゆる面で数値による明瞭さが意思決定において支配的になると、「人と人のつながり」のような曖昧で捉えどころのないテーマは周辺へと追いやられてしまいがちになります。しかし、そもそも人間の主観によって大きく変わる幸福を数値化するのが困難であるのと同様に、その構成要素として重大な役割を果たす「人と人のつながり」を数字で示すことも難しいものです。それは住民自身にとってもわかりにくいものであり、そのようなものを自治体政策として正面に据えることは後手に回らざるをえません[1]。

しかし、私たちは「人と人のつながり」がどれほど自分の幸福や人生にとって決定的なものであるかを身にしみて自覚しています。それは人間が持つ共通感覚そのものであり、まさにコモンセンス＝常識にほかなりません。それに対して、社会における一人暮らしが急増し、一人ひとりの「自由」が広がり、「安全安心」が至上命題とされてきたことで、かつては自然に形成されてきた「人と人のつながり」の喪失が深刻な社会問題として浮上してきました。自治体政策上の「証拠」と「人と人のつながり」の間のギャップが埋まらない中で、それぞれの都市や地域の実践は揺れ動いている状況があります。

このような中で、自治体や市民が確信を持って「人と人のつながり」をつくるための政策を展開していくためには、その根拠としての財政理論が不可欠となります。本書がその最初の方で理論的な枠組みを整理して示したことの意図はそこにあります。私たちがいくら「人と人のつながり」の重要性について共通に認識していたとしても、それをいざ政策として実施するためにはどうしても理論的なバックボーンが備わっていなければならないからです。

ただし、本書で「人と人のつながり」を政策課題とする上で必要な財政理論が十全に示せたわけではありません。むしろ、この理論上の課題は今後も追究していかなければならない領域です。もともと財政理論は経済学の一分野として発展してきたことから、「人と人のつながり」を無視してきた経済学の中では未発達であることは否めません。そのため、これからは社会学や心理学といった周辺学問の知見を積極的に取り入れた理論の発展が求められています。

2　感性を取り戻す

とはいえ、「人と人のつながり」はどうしても曖昧なものにとどまってしまいます。それが人々の人生にとってどのような意味を持つのかについても千差万別であり、一般の公共サービスのように即時的・直接的に効果を発揮するようなものではありません。「人と人のつながり」にも人生にとってプラスになるものもあれば、マイナスにしかならないものもあります。厭世的な気持ちしか持てない状況にあれば、「人と人のつながり」などない方がよいと考えるのも自然です。「人と人のつながり」は個人が自由につくっていくべきもので、外からあれこれ言われる筋合いのものではないと考えるのも当然でしょう。そのような中で、「人と人のつながり」を政策として位置づけるというのは、社会的な合意に達しにくいものであるのは間違いありません。

しかし、それでも敢えて「人と人のつながり」は私たちにとって不可欠な社会的・個人的要素であるというのが本書の立場です。それは各章で紹介してきた自治体政策の事例からもうかがえることですが、何よりも公共・民間を問わず社会のあらゆるところで繰り広げられている福祉・教育・まちづくりなどの実践において豊かな「証拠」をみることができます。普通の人間は孤立や孤独では幸福を感じ取れないものであり、「人と人のつながり」の中において幸福の源泉である自尊心を持つことができるものです。社会全体として「人と人のつながり」をつくっていくことを政策として展開していくためには、そのような数値にできないような普通の感性を政治行政の中の文化として昇華させていくことが必要です。さもなければ、「証拠に基づく政策立案」という数値至上主義によって、「人と人のつながり」をつくりだす政策は現実から遠ざかっていかざるをえないからです。財政ひっ迫が常態となっている中で、そのような傾向は加速していく危険性さえ存在しています。

3　新しい自治体財政の実践へ

本書のメッセージは、「人と人のつながり」にあらゆる自治体政策を収斂させるというものです。福祉、教育、公共事業などのすべての分野において、「人と人のつながり」を前面に据えた自治体政策を展開していくことの重要性を主張しています。それはこれまでのような各分野における個別本来的な政策効果のみを求めるのではなく、それが引き起こす「人と人のつながり」への影響を重大な要素として取り入れることを訴えるものです。そのような政策的な必要が日本社会の現実において客観的なものとして広がっているからです。また、「人と人のつながり」をつくりだきない施策は、本当の意味において大きな政策効果として人々に認識されることもないといえます。

自治体財政の運営においては、単純に正否を決定できるものはありません。財政が破綻しないかぎり、財源をどのように使うのかはその自治体の自由に委ねられているからです。外からはいかにムダに見えるような事業であっても、その自治体がそれがよいと考えているのなら、そのための財政負担は妥当であるとみなさざるをえないのです。

本書は敢えて「人と人のつながり」のための財政を理論的・制度的・実践的な側面から正当化しようとしてきました。そこには、筆者の自治体財政の運営に対する「あるべき論」が組み込まれています。ただし、それは決して主観的なものに基づくものではなく、すべて客観的な現実によって裏付けられているものです。それをどれだけ重視するのかは今後の自治体の実践や国の方針によって決まってくるものです。しかし、そこにしか、縮退する日本社会の明るい未来の礎は築けないと確信しています。

そのような思いを共有してもらい、多くの自治体が財政を駆使して「人と人のつながり」という課題に取り組んでいってもらいたいと願っています。そのための新しい自治体財政の実践によって、「人と人のつながり」のための地方財政論という分野が切り拓かれていくと信じています。

注

1　ジェリー・Z・ミュラー、松本裕訳（2019年）『測りすぎ―なぜパフォーマンス評価は失敗するのか？―』（みすず書房）では、政策や実践において数値評価することを至上命題としてきたことで、どのような社会的弊害が生み出されてきたかが論じられています。

あとがき

本書は、私が地方財政の分野で最近取り組んできた研究成果を一般読者向けにまとめたものです。本書の内容の多くは、これまで私が発表してきた学術論文や学会報告がベースになっています。この点において、有益な批判や討論をしてくださった研究仲間たちに対して、あらためてお礼を申し上げなければなりません。

本書でも繰り返し述べてきたように、私のメッセージは「人と人のつながり」を公共政策の柱に据え、そこへ向けた行財政の制度と実践を推進していかなければならないというものです。その際の最も重要な主体は地方自治体であることから、これからの自治体による財政運営が決定的な意味を持つことを伝えたかったわけです。

「人と人のつながり」のような一種のユートピア的なテーマは、社会科学には馴染みにくいものです。社会の現実は厳しく、もっと切実な課題に取り組むべきであるという考え方は強いと思います。また、客観的なデータや統計に基づいた分析の方が学術界で受け入れられやすいのも間違いありません。私もこのテーマで学会報告を繰り返してきましたが、先輩の研究者らから分析の曖昧さを指摘されたことが何度もありました。

他方では、こういった研究テーマに関心を持ってくださる研究者も少なくありませんでした。それらの先生方と話す中で、「人と人のつながり」の大切さを意識している研究者が決して少なくないこともわかりました。このような経験は、私に勇気を与えてくれるものになりました。

資本主義社会の現実はきわめて深刻であり、資本の横暴さも増しています。私たちの暮らしは翻弄され、誰もが未来への希望を持てなくなっています。そうした中で、「人と人のつながり」のような生やさしいテーマを論じることに、一体どれだけの意味があるのだろう……。このことは、私が絶えず意識してきた問いでもありました。しかし、人々の分断が社会を覆う中で、財政学者としてこの課題に取り組まなければならないという使命感のようなものをずっと持ち続けてきたのも事実です。それを推し進めるために、本書で紹介した自治体や地域の現場を訪問させていただき、そこで得られた情報が各章の事例にちりばめられています。私の調査に協力してくださった皆さんには心から感謝したいと思います。

本書は、多くの方々の支えによって完成することができました。その中でもとくにノースウェスタン大学の宮崎広和先生とアナリース・ライルズ先生ご夫妻のお名前を挙げたいと思います。私は2016年度にコーネル大学で客員研究員として一年を過ごしました。そのきっかけをつくってくださったのが当時コーネル大学におられた宮崎先生でした。宮崎先生は文化人類学者の立場から「希望」や「金融」といったテーマを研究されていました。私とは地方債の調査を共同で行ったり、大学間連携の仕事を一緒に進めたりするなど、良き仕事仲間としてお世話になってきた方です。宮崎先生とライルズ先生は私のコーネル大学の滞在中に素晴らしい研究環境を提供してくださり、また私の住居としてご自宅の部屋を提供してくださいました。実は、本書第2章の財政理論に関する研究は、私がコーネル大学の滞在中に書き上げた論文に基づいています。また第3章は、ライルズ先生が多大な労をとってくださった Mori, H, et al. eds. (2022), *City, Public Value, and Capitalism*, Evanston: Northwestern University Libraries で私が書いた論文が活かされています。これらは宮崎・ライルズ両先生に与えていただいた研究環境と協力がなければ決して生まれなかったものです。彼らにはお礼の言葉もありません。

最後になりますが、本書を世に出すためにご尽力いただいた自治体研究社には、心からの感謝を申し上げたいと思います。

２０２４年9月

森　裕之

[著者紹介]

森　裕之（もり・ひろゆき）

1967年大阪府生まれ。大阪市立大学商学部、同大学院経営学研究科後期博士課程中退後、高知大学助手。その後、高知大学専任講師、大阪教育大学専任講師・助教授をへて、2003年から立命館大学政策科学部助教授。2009年より同教授。

財政学とくに地方財政と公共事業を専攻。また、社会的災害（アスベスト問題など）についても公共政策論としての立場から考察。

主な著書

『自治体財政を診断する―『財政状況資料集』の使い方―』自治体研究社、2022年

『新型コロナ対策と自治体財政―緊急アンケートから考える―』（共著）、自治体研究社、2022年

『現代社会資本論』（共編著）、有斐閣、2020年

『市民と議員のための自治体財政―これでわかる基本と勘所―』自治体研究社、2020年

『公共施設の再編を問う―「地方創生」下の統廃合・再配置―』自治体研究社、2016年

『大都市自治を問う―大阪・橋下市政の検証―』（共編著）、学芸出版社、2015年

『2015秋から大阪の都市政策を問う』（共著）、自治体研究社、2015年

『これでいいのか自治体アウトソーシング』（共編著）、自治体研究社、2014年

『検証・地域主権改革と地方財政―「優れた自治」と「充実した財政」を求めて―』（共著）、自治体研究社、2010年

地方財政の新しい地平
―「人と人のつながり」の財政学―

2024年11月15日　初版第1刷発行

著　者　森　裕之

発行者　長平　弘

発行所　㈱自治体研究社
〒162-8512 東京都新宿区矢来町123 矢来ビル4F
TEL：03·3235·5941／FAX：03·3235·5933
http://www.jichiken.jp/
E-Mail：info@jichiken.jp

ISBN978-4-88037-776-6 C0033

印刷・製本／モリモト印刷株式会社
DTP／赤塚　修

自治体研究社＊現代自治選書

地域づくりの経済学入門 ［増補改訂版］
――地域内再投資力論

岡田知弘著　定価 2970 円

「コロナショック」は病床や保健所削減の誤り、そして東京一極集中の危険性をはっきりと示した。人間の生活領域から地域内経済を考える。

新しい時代の地方自治像の探究

白藤博行著　定価 2640 円

地方分権改革は自治の力を伸ばしたか。住民に近い自治体でありつづけるための「国と自治体の関係」を大きく問い直す論理的枠組みを考察。

地方自治の再発見
――不安と混迷の時代に

加茂利男著　定価 2420 円

何が起こるか分らない時代―戦争の危機、グローバル資本主義の混迷、人口減少社会。その激流のなかで、世界から地方自治を再発見する。

地方自治のしくみと法

岡田正則・榊原秀訓・大田直史・豊島明子著　定価 2420 円

自治体は市民の暮らしと権利をどのように守ればよいのか。憲法・地方自治法の規定にもとづいて自治体の仕組みと仕事を明らかにする。

社会保障改革のゆくえを読む
――生活保護、保育、医療・介護、年金、障害者福祉

伊藤周平著　定価 2420 円

私たちの暮らしはどうなるのか。なし崩し的に削減される社会保障の現状を捉えて、「生存権」に踏み込んで暮らしに直結した課題に応える。

日本の地方自治 その歴史と未来 ［増補版］

宮本憲一著　定価 2970 円

明治期から現代までの地方自治史を跡づける。政府と地方自治運動の対抗関係の中で生まれる政策形成の歴史を総合的に描く。関連年表収録。